Christliches Menschenbild und soziale Orientierung

Mönchengladbacher Gespräche

13

Veröffentlichungen der

Katholischen Sozialwissenschaftlichen Zentralstelle

Mönchengladbach

Anton Rauscher, Hg.

Christliches Menschenbild und soziale Orientierung

J. P. Bachem Verlag Köln

Die Deutsche Bibliothek - CIP-Einheitsaufnahme

Christliches Menschenbild und soziale Orientierung/
Anton Rauscher (Hg.). - Köln : Bachem, 1993
(Mönchengladbacher Gespräche ; 13)
ISBN 3-7616-1122-6
NE: Rauscher, Anton [Hrsg.]; Mönchengladbacher Gespräch:
Mönchengladbacher Gespräche

Einbandentwurf: Bettina Hartmann, Köln
Satz und Druck: Druckerei J. P. Bachem GmbH & Co.KG Köln
Printed in Germany
ISBN 3-7616-1122-6

Inhalt

Vorwort

Nicht nur der Zusammenbruch des totalitären Sozialismus im Osten Europas, sondern auch die zunehmende Funktionalisierung der freiheitlichen westlichen Gesellschaften werfen heute erneut die Frage einer verläßlichen Wertorientierung in Staat und Gesellschaft auf. Das Christentum hat im Laufe der Jahrhunderte die Grundzüge eines Menschenbildes entwikkelt, das einerseits Würde und Rechte des Menschen, andererseits aber auch die sozialen Pflichten des einzelnen gegenüber dem Mitmenschen, der Familie, den Kranken und Schwachen, den Armen im vorstaatlichen Bereich verankert. Dieses Menschenbild wurde in Europa zur Grundlage für das einzelmenschliche Handeln wie auch für die institutionellen Fragen eines gerechten Aufbaus der Gesellschaft.

Die Sozialethiker-Tagung, die vom 14. bis 16. Mai 1992 in Mönchengladbach stattfand, machte es sich zur Aufgabe, nach Begründungen, Bedingungen und Konsequenzen dieses Menschenbildes zu fragen. Dies ist heute um so dringlicher, als in der Lebenspraxis vieler Menschen und ebenso in den Wissenschaften ein neuer Hang zum Positivismus und zu einem Relativismus gegenüber den Werten und Normen sich ausbreitet.

Die Tagung hat ein großes Echo gefunden. Der Stadt Mönchengladbach sei wiederum gedankt für die Förderung der Tagung, dem Verlag Bachem für die verlegerische Betreuung des Berichtsbandes.

Anton Rauscher

Frank-Lothar Hossfeld

Grundzüge des biblischen Menschenverständnisses

1. Vorüberlegungen

"Dem Alten Testament liegt weder eine einheitliche Lehre vom Menschen zugrunde noch sind wir in der Lage, eine Entwicklung des biblischen Menschenbildes nachzuzeichnen." So konstatiert H.W. Wolff die Fülle der alttestamentlichen Menschenbilder in der Einleitung seiner erfolgreichen "Anthropologie des Alten Testaments".[1]

Nun muß dieses Faktum nicht zum Verzicht auf eine bibeltheologische Darstellung und Systematisierung führen. "Bei der Breite des Spektrums und aller Vielfalt der Stimmen ist das AT nur in einem eindeutig; es bedenkt den Menschen 'vor Gott'".[2] Der sich durchhaltende Bezugspunkt Gott in der abgeschlossenen Literatur des ersten Kanonteils der Christlichen Bibel ermächtigt zum "Wagnis des Zusammendenkens".

Das AT redet auf unterschiedliche Weise vom Menschen. Es kann von Einzelgestalten erzählen - Männern und Frauen - und darin Paradigmatisches zur Sprache bringen. So wird z.B. das reiche Leben Davids in der redaktionellen Davidisierung des Psalters zur Folie und zum reliefgebenden Hintergrund für viele

---

1 H.W. Wolff, Anthropologie des Alten Testaments, [5]1990, 16.

2 W.H. Schmidt, "Was ist der Mensch?", in: BiKi 42 (1987) 2-15, hier: 15.

Gebete, die unabhängig von dem Leben Davids entstanden sind. Das Gottesvolk Israel blickt auf seine Geschichte zurück und kommt dabei zu Einsichten, die für eine Anthropologie der Bibel unverzichtbar sind. Propheten beurteilen ihre Gegenwart mit Konsequenzen für die Zukunft des Volkes und deuten dabei Maßstäbe ihrer Kritik an, die anthropologisch von Interesse sind. Schließlich gibt es Literaturbereiche, die von sich aus allgemein über den Menschen reden. Die sogenannte Urgeschichte (Gen 1-11) erzählt von den Anfängen, die als Uranfänge universal gültig sind. Die Weisheitsliteratur will regelmäßige und typische Zusammenhänge entdecken, um sie zu ästhetisch ansprechenden Sprichwörtern zu verdichten. Die Psalmen stellen im Beter den gläubigen Menschen vor Augen, wobei die einzelnen Psalmen nicht nur isoliert als Kultgebete rezipiert, sondern auch im Zusammenhang der Teilkompositionen als Meditationsliteratur gelesen werden wollen.

Das reiche Angebot für anthropologisch einschlägige Daten bedingt die Not und Notwendigkeit der Selektion und der verschiedenen Zugänge. Zunehmend wird die Darstellung der biblischen Anthropologie anhand anthropologischer Grundbegriffe wie Seele, Fleisch, Geist, Herz und weiterer Teile des Menschen[3] (vgl. LThK I) als unzureichend empfunden und um eine Skizze der conditio humana zwischen Geburt und Tod sowie um eine soziologische Anthropologie erweitert.[4] Eine andere Art der bibeltheologischen Systemàtisierung ist die Beschreibung anthropologischer Aus-

---

3 Vgl. J. Schmid, Art. Biblische Anthropologie, LThK I, 604-615.

4 Vgl. z.B. H.W. Wolff (Fn. 1), mit seiner Dreiteilung in Anthropologische Sprachlehre, Biographische Anthropologie und Soziologische Anthropologie; die Anthropologie von H.D. Preuß in seiner "Theologie des AT" folgt in etwa dem Aufriß H.W. Wolffs, vgl. ders., Theologie des AT Bd. 2, Israels Weg mit JHWH, § 11: Der Israelit und seine Gottesbeziehung, Stuttgart 1992, 105-198.

sagen bestimmter Literaturbereiche, so vornehmlich der Pentateuchquellen des Jahwisten und der Priesterschrift vor allem mit ihren Schöpfungsberichten, sowie der Weisheitsliteratur.[5] Ich wähle für meinen Vortrag einen anderen Weg. Wirft man einen scheuen Blick auf die der Bibel gemäßen systematischen Anthropologien,[6] stellt man schnell den wirkungs- bzw. rezeptionsgeschichtlichen Rang der Gottebenbildlichkeitsaussagen fest. Deswegen werden diese in einem ersten Punkt bedacht.[7] Mit Blick auf die vermuteten Erwartungen von Sozialethikern biete ich zweitens einen Überblick über alttestamentliche Kriterien und Prinzipien zum Zusammenleben der Menschen. Ein dritter Punkt sucht nach Ansätzen für eine Universalisierung alttestamentlicher Maximen zum Verhalten und zur Einschätzung von Menschen.

2. Die Aussagen zur Gottebenbildlichkeit des Menschen

Mit Konsens unter den Exegeten gehört Ps 8 in den Bereich der Gottebenbildlichkeitsaussagen der Priesterschrift. Umstritten ist, ob er zur Vorgeschichte

---

5 Diese Einteilung liegt dem Themenheft "Der Mensch im AT" von BiKi 42 (1987) zugrunde mit den Beiträgen von W.H. Schmidt ("Was ist der Mensch?" Anthropologische Einsichten des Alten Testaments) zur Weisheit, von F.J. Stendebach (Das Menschenbild des Jahwisten) und von M. Görg (Das Menschenbild der Priesterschrift).

6 W. Pannenberg, Anthropologie in theologischer Perspektive, Göttingen 1983; W. Korff, Wie kann der Mensch glücken? Perspektiven der Ethik, München 1985; F. Böckle u.a. (Hg.), Christlicher Glaube in moderner Gesellschaft Bd. 24, Freiburg 1981, mit den Beiträgen von I.M. Dalferth und E. Jüngel, Person und Gottebenbildlichkeit, 57-99.

7 Siehe dazu zuletzt O. Kaiser, Der Mensch, Gottes Ebenbild und Statthalter auf Erden, in: Neue Zeitschrift für systematische Theologie und Religionsphilosophie 3 (1991) 99-111.

oder Nachgeschichte gehört. Die folgende Interpretation behandelt ihn als älteren, exilischen Schlüsseltext für reflexe anthropologische Aussagen.[8]

Ps 8 ist gezielt von der formativen, exilischen Redaktion des ersten und ältesten Davidpsalters ins Zentrum der Psalmengruppe 3-14 gerückt worden. Als hymnisches Nachtlied zeigt er den in den Psalmen vorher erwähnten Sonnengott JHWH, der seine Macht bzw. sein Herr-Sein in und vor der Nacht behauptet. In der chaotischen Nacht bleibt die Ordnung seiner Gestirne (Himmel, Mond und Sterne) bestehen. Ps 8 ist Kontrapunkt zu den Klagegebeten aus beispielhaften Nöten in Ps 3-7 (polit. Verfolgung, Armut, Rechtsnot, Krankheit, Falschanklage) und zu den Klagen des Armen in Ps 11-14. Der angefochtene Beter ist zugleich der königliche Mensch. Der drohende Verlust der Ehre aus den Vorgängerpsalmen (Ps 3,4; 4,3; 7,6) kann die ontische Würde des Menschen nicht zerstören. Die Reflexion auf den Menschen als Gattungswesen schafft das notwendige Gegengewicht zu den umgebenden Klagegebeten und demonstriert das unverlierbare Minimum menschlicher Existenz. Die Position des Menschen im Kosmos wird zweifach eingefangen. Er hat eine Art Mittelstellung in der räumlichen Vertikale des Kosmos: JHWH, der Herr, oben mit seinem Namen über der Erdscheibe; darunter der Mensch und ihm zu Füßen die unterworfene Tierwelt. Diese Zwischenstellung wird durch weitere Motive und Bilder eingekreist. Vom Menschen werden Niedrigkeitsaussagen gemacht in der rhetorischen Frage von 8,5: Im Vergleich zu JHWH ist er ein niedriger, hinfälliger

8 Zur Begründung dieser Auffassung siehe H. Spieckermann, Heilsgegenwart. Eine Theologie der Psalmen, Göttingen 1989, 227-239; H.D. Preuß (Fn. 4), 123; F.-L. Hossfeld - E. Zenger, "Selig, wer auf die Armen achtet" (Ps 41,2). Beobachtungen zur Gottesvolk-Theologie des ersten Davidpsalters, erscheint im Jahrbuch für Biblische Theologie 7, Neukirchen 1992.

Mensch, ein Menschensohn, der auf göttliche Zuwendung angewiesen ist. Und doch ist er mit einzigartiger Hoheit ausgestattet. Er ist nur wenig geringer als Gott. Der Vergleich mit Gott ist nicht selbstverständlich.[9] Der Nachdruck des Vergleichs im Singular (Mensch-Gott) ist nicht auf niedere Gottwesen und Engel im Plural abzuschwächen, denn die Königsmetaphern zielen beim Menschen auf eine Einzelgestalt. Der Vergleich mit Gott hat altorientalischen Hintergrund und wird vornehmlich im Kontext der Beschreibung menschlicher Weisheit vorgenommen. Mehrfach wird der König David mit dem "Boten Gottes" verglichen, weil er den Durchblick hat, Dinge durchschaut und richtig entscheidet (2 Sam 14,17.20; 19,28; vgl. Ez 28,11ff). Die Weisheit hebt ihn aus der Schöpfung heraus und nähert den Menschen Gott an. Zugleich wird aber die Gleichsetzung gedämpft: Der Vergleich zielt nicht auf JHWH selbst, sondern auf seine Göttlichkeit; bei aller Nähe bleibt menschliche Weisheit doch relativ geringer. Ferner wird der Mensch als König eingekleidet (vgl. das Königsornat in Ps 21,6; 29,1.4; 45,4). Wie häufig betont, wird altorientalische Königswürde demokratisiert bzw. universalisiert. Sie wirkt sich aus in der Gott stellvertretenden Königsaufgabe der Herrschaft über die Tiere, die dem dreigeteilten Kosmos von Erde - Himmel - Meer entsprechend dem Menschen zugeordnet werden: Haustiere, Wildtiere, Vögel und die Bewohner des Meeres (Fische und Meeresungeheuer). Der Mensch vor Gott/JHWH ist nach Ps 8 der mit Weisheit begabte königliche Mensch.

Die klassischen Gottebenbildlichkeitsaussagen gehören zum priesterlichen Schrifttum. Sie werden im folgenden knapp vorgestellt und dabei wird auf gege-

---

9 Zum Vergleich des Menschen mit Gott im Kontext von Weisheit R. Albertz, "Ihr werdet sein wie Gott" (Gen 3,5), in: Fr. Crüsemann u.a. (Hg.), Was ist der Mensch...? Beiträge zur Anthropologie des Alten Testaments, München 1992, 11-27.

bene Kontinuitäten zum jahwistischen Schöpfungsbericht geachtet.

Die Priesterschrift führt in Gen 1,26ff, 5,1ff und 9,6 den Terminus "Bild Gottes" für den Menschen ein. Sie greift damit eine Redeweise aus dem ägyptischen Neuen Reich (18. Dynastie) und aus Mesopotamien auf, wo der Pharao bzw. der König das Abbild eines Gottes (Amun, Marduk oder Schamasch) ist und den Gott auf Erden vertritt. Wie in Ps 8 wird der Königstitel universalisiert. Was der Terminus "Bild Gottes" umgekehrt an Vorstellungsgehalt für den Schöpfer selbst impliziert, kann nur annäherungsweise angegeben werden. Der der Priesterschrift nahestehende Prophet Ezechiel kann die Herrlichkeit Gottes schauen und dabei eine menschenähnliche Lichtgestalt wahrnehmen (Ez 1,26). Die Priesterschrift selbst kann Mose durch JHWH ein himmlisches Modell für das Zeltheiligtum vorführen (Ex 25,9). Und der Beter von Ps 17,15 kann sich an JHWHs umrißhafter Lichtgestalt nach Art der Sonne sattsehen. Die Hinweise konvergieren in einer gestalthaften Analogie von Gott und Mensch. Wiederum müssen die Bremsen beim Vergleichen angezogen werden, denn die Priesterschrift legt weniger Wert auf die visuelle Konkretion als vielmehr auf die Herrschafts- und Vertreterfunktion des "Bildes Gottes". Die Anordnung von Gen 1,26 wechselt in den Plural der Gottesrede. Damit findet keine Anspielung auf den himmlischen Hofstaat statt, sondern wie Gen 3,22 will die "polytheistisch klingende Formulierung" abwehren, daß es um Gottgleichheit im strengen Sinne geht. Der Mensch hat teil an der Göttlichkeit, nicht am Wesen JHWHs bzw. Gottes selber.[10] Von Gen 3,5.22 her ist das "Sein wie Gott" verbunden mit der Weisheit, d.h. mit der Erkenntnis von Gut und Böse.

---

10 Vgl. Albertz (Fn. 9), 18.

Die Priesterschrift treibt einigen Aufwand, um die Analogie zu unterstreichen. Die Lexeme "Bild/Statue" und "Gestalt/Abbild" vermeiden die Überschneidung mit den konkreten Bildbegriffen, die die Bilderverbotstexte gebrauchen.[11] Sie zielen auf Statthalterschaft und gottähnliche Kapazität zur Durchführung der Herrscheraufgabe. Die Präpositionen des Vergleichs ("als" und "wie") unterstreichen die Analogie.

In beiden Schöpfungsberichten gibt es den Menschen nur in der Zweisamkeit von Mann und Frau (Gen 1,27 und 2,18). Das Interesse an der Zweigeschlechtlichkeit erklärt sich aus der Verbindung der beiden Urzeiterzählungen mit der nachfolgenden, genealogisch fortschreitenden Geschichte (Gen 1,28; 3,16 und 4,1).[12] Beide Schöpfungsberichte betonen die Einheit von Mann und Frau. Was der ältere Bericht erzählerisch ausmalt, bringt der jüngere priesterschriftliche Bericht auf die knappe Wendung "als Abbild Gottes schuf er ihn; als Mann und Frau schuf er sie". Die Gleichzeitigkeit der Entstehung im priesterschriftlichen Bericht zeigt, daß das narrative Hintereinander der Erschaffung von Mann und Frau im jahwistischen Bericht nicht auf eine unterschiedliche Wertigkeit gedeutet werden darf, wenn man es später leider auch so verstanden hat (vgl. Sir 25,24; 1 Kor 11,8f; 1 Tim 2,11ff). Die Formel von der "unterschiedenen oder polaren Gleichwertigkeit" von Mann und Frau fängt die Aussagen beider Schöpfungsberichte zu diesem Punkt gut

---

11 Chr. Dohmen, Das Bilderverbot, BBB 62, ^{2}1987, 281ff; W.H. Schmidt, Alttestamentlicher Glaube in seiner Geschichte, Neukirchen ^{6}1987, 225-231; F.J. Stendebach, Art. sælæm, ThWAT VI, 1046-1055 mit Diskussion der Modelle der Auslegung zu Gen 1,26f.

12 Zum Folgenden siehe auch F.-L. Hossfeld, Leib und Geschlechtlichkeit. Aspekte einer biblischen Anthropologie, in: P. Hünermann (Hg.), Lehramt und Sexualmoral, Schriften der Katholischen Akademie in Bayern Bd. 137, Düsseldorf 1990, 11-26.

ein. Beide Berichte sprechen mit unterschiedlicher Deutlichkeit von einem urzeitlichen Vegetarismus und einem uranfänglichen Frieden, Vorstellungen, die in der Prophetie in die Endzeit projiziert werden (Jes 11,1ff; 65,21ff; Hos 2,20). Beim Jahwisten wandelt sich die Nahrung des Menschen vom Früchteessen (Gen 2,16) über die Felle aus 2,21, die die Tötung von Tieren voraussetzt, zur Antagonie des Ackerbauern Kain gegen den Viehhirten Abel. Bei der Priesterschrift bricht die Störung der Gewalttat auf im Verhältnis des Menschen zu den Landtieren. Gott hat die Konkurrenz zwischen beiden nicht gewollt; deswegen erhielten die Landtiere ihre Fortpflanzungsfähigkeit von der Erde, die Menschen dagegen durch göttlichen Segen; deswegen waren die Menschen ausdrücklich auf Pflanzennahrung verwiesen. Beim Jahwisten ist die paradiesische Harmonie und der uranfängliche Friede verloren, beim Priesterschriftsteller ist das anfängliche ökologische Gleichgewicht gestört. Der nachsintflutliche Noachbund in Gen 9 besiegelt den Kompromiß Gottes mit seiner gestörten Schöpfung. Im Kontext dieses Bundesschlusses findet sich die dritte Erwähnung der Gottebenbildlichkeit. Jetzt begründet sie den universal gültigen Rechtssatz: "Wer Menschenblut vergießt, durch (für?) den Menschen soll sein Blut vergossen werden, denn nach dem Bilde Gottes hat er den Menschen gemacht" (Gen 9,6). Die Spannung, daß menschliches Leben einerseits unantastbar ist und andererseits Mord durch Todesstrafe geahndet werden soll, ist schwer aufzuheben (vgl. ZAW 102, 1990, 252f). Im Rechtssatz wird das traditionelle Rechtssubjekt "jedermann" für den israelitischen Vollbürger abgelöst durch das universale Rechtssubjekt "Mensch". Das stimmt mit dem heilsgeschichtlichen Ort dieser Vorschrift zur Zeit Noachs überein. Wichtig ist die Begründung aus dem gottebenbildlichen Wesen des Menschen. "Am Menschen selbst finden Freiheit und Macht des Menschen in seiner Herrschaft über die Erde ihre Grenze; er muß vor sich selbst behütet werden".[13] "Damit ist im Prinzip der Gedanke eines Menschenrechtes erreicht, das durch den Hinweis auf die besondere Würde des Menschen begründet wird".[14]

Die Wahl des Verbs "Blut vergießen" induziert den für priesterliche Literatur wichtigen Zusammenhang von Blut und Leben. Eine Bluttat ist ein Maximalvergehen gegen das Leben. Sie lastet schwer auf einer Person, einer Stadt, einem Land und einem Volk. Sie kann nur durch Blut gesühnt werden (Lev 17,11), das JHWH dafür gegeben hat (vgl. Num 35,33f).

Die schwere objektive Störung durch eine Bluttat darf deswegen auch nicht durch Lösegeld kompensiert werden, sondern wird nur durch den Tod des Schuldigen (Num 35,31) gesühnt. Der Gedanke der Heiligkeit JHWHs sowie die Interpretation von Mord als Bluttat streichen die Schwere des Vergehens gegen das Leben heraus, so daß nach dieser priesterlichen Auffassung selbst der Totschlag nur durch den Tod des Hohenpriesters gesühnt werden kann, wie in Num 35,32 vorgeschrieben. Die Würde des Menschen nach Ps 8 ist ihm von Gott geschenkt, unabhängig von seinen Taten und seiner Befindlichkeit. Sie macht sein Menschsein aus, wie vor allem aus der Position des Psalms im Kontext von Klagegebeten hervorgeht. In gleicher Weise stellt die Gottebenbildlichkeit eine Grundgegebenheit dar, die nach Aussage und Aufriß der Priesterschrift nicht durch die Ursünde der Gewalttat und die nachfolgende Sintflut verlorengeht.

---

13 W.H. Schmidt, Aspekte alttestamentlicher Ethik, in: J. Moltmann (Hg.), Nachfolge und Bergpredigt, München 1981, 12-36, hier: 24.

14 J. Blank, Gottes Recht will des Menschen Leben, in: Conc 15 (1979) 213-218, hier: 213.

3. Alttestamentliche Kriterien und Prinzipien zum Zusammenleben der Menschen

Das Alte/erste Testament bedenkt sehr häufig den Einzelisraeliten und darüber hinaus den Einzelmenschen in seinem konkreten Leben in der Gemeinschaft von Familie, Gruppe, Stamm, Volk und Völkergemeinschaft. In dieser Beziehung war es besonders sensibel, wie ich im folgenden an zwei Linien belegen möchte.

Die Propheten haben immer wieder das Auseinanderklaffen der israelitischen Gesellschaft notiert und angegriffen; ihre diversen Gegenforderungen haben sie mit der Formel vom "Tun von Recht und Gerechtigkeit" auf den Begriff gebracht. Diese Formel ist eine der biblischen Umsetzungen des Prinzips der Solidarität. Hinter dieser Formel steht die Erinnerung an "eine Sozialstruktur, die aufbaut auf den Prinzipien von Gleichheit und Gegenseitigkeit im Verhältnis der Gruppen zueinander".[15] Die Formel stammt aus den altorientalischen Königspflichten in Babylonien und Assyrien. Dort bezeichnete sie die Verpflichtung des Königs zu gerechter Rechtsprechung und sozialer Fürsorge für die Schwächeren, vornehmlich die personae miserabiles. Sie wird in der Sozialkritik der Südreichprophetie aufgenommen und zur Leitformel gemacht (so bei Amos 5,7.24; 6,12). Der frühe Jesaja greift sie auf in Jes 1,21-26 und im Weinberglied Jes 5,7 (vgl. Jes 28,17); ebenso hebt sie die frühe Weisheit (Spr 16,8 und 21,3) auf den Schild. Die Formel zielt auf gerechte Rechtsprechung und auf die Rechte des Volksgenossen in bezug auf Eigentum und soziale Stellung. Auch in der Prophetie der späten Königszeit behält sie ihren maßstäblichen Charakter, so bei Jeremia (Jer 4,2; 9,23; 22,13.15) und Ezechiel (Ez 18,5.19.27). Sie charakteri-

---

[15] G. Fleischer, Von Menschenverkäufern, Baschankühen und Rechtsverkehrern, BBB 74, 131-154, hier: 145.

siert den erhofften idealen König in Jer 23,5 und 33,15 bzw. den idealen David (2 Sam 8,15; 1 Kön 10,9) und wird für die nachexilische Gemeinde als Orientierung festgehalten (Jes 58,2 und später Jes 56,1). Diesem Programm muß eine analoge Zusammenfassung des Ethos der Nordreichprophetie zur Seite gestellt werden, die die Überbietung des Pflichtgemäßen und des gesetzlich Geregelten zum Ausdruck bringt: das Tun von "Recht und Freundlichkeit/Großzügigkeit". Sie taucht zuerst bei Hosea auf (Hos (2,21); 12,7), rückt bei Jer 9,23 an die erste Formel heran und wandert dann in eine deuteronomistisch beeinflußte Prophetie mit ihren bekannten und gewichtigen Zusammenfassungen in Mich 6,8 - "Es ist dir gesagt worden, Mensch, was gut ist und was der Herr von dir erwartet: Nichts anderes als dies: Recht tun, Güte und Treue lieben, in Ehrfurcht den Weg gehen mit deinem Gott" - und Sach 7,9: "So spricht der Herr der Heere: Haltet gerechtes Gericht, jeder zeige seinem Bruder gegenüber Güte und Erbarmen".

Solch prophetische Linie der Einschärfung von unparteiischer Gerechtigkeit und unbemessener Großzügigkeit schlägt auch durch in den Gesetzeskorpora des AT.

Die Prozeßrechtssammlung Ex 23,1-9 des alten Bundesbuches reagiert auf die soziale Ausdifferenzierung des staatlichen Israels in ärmere und reichere Schichten und tendiert deswegen zu einem Übergang vom Recht zum Ethos. Während die Vorschriften an der Peripherie der Sammlung justitiabel sind, geht der Kern zum ethischen Appell über und fordert im Prozeßrecht die Solidarität mit den Schwachen:[16] "Du sollst

---

16 Zur Prozeßrechtssammlung Ex 23,1-9 siehe L. Schwienhorst-Schönberger, Das Bundesbuch, BZAW 188, Berlin 1990, 378ff; E. Otto, Der Dekalog als Brennspiegel israelitischer Rechtsgeschichte, in: J. Hausmann - H.J. Zobel (Hg.),

den Armen (Kleinbauern) in seinem Rechtsstreit nicht begünstigen" (Ex 23,3) - "Du sollst das Recht des Armen in seinem Rechtsstreit nicht beugen" (Ex 23,6). Die Unparteilichkeit rückt ins Zentrum durch die "Forderung der Feindessolidarität":[17] "Wenn du dem verirrten Rind oder dem Esel deines Feindes begegnest, sollst du ihm das Tier zurückbringen. Wenn du siehst, wie der Esel deines Gegners unter der Last zusammenbricht, dann laß ihn nicht im Stich, sondern leiste ihm Hilfe!" (Ex 23,4-5). Die gleiche Tendenz findet sich in dem jüngeren deuteronomischen Kerngesetz, in der häufiger beschriebenen deuteronomischen Bruderethik, wobei "Das Wort 'Bruder' ... die Funktion einer impliziten Begründung mit starker appellativer Kraft (hat): Wie man sich einem Bruder gegenüber zu verhalten hatte, wußte man ja vom Zusammenleben in der Familie her".[18] Sprechende Beispiele dafür, den Nächsten als Bruder zu behandeln, bieten Dtn 15; 22,1-4; 25,1-3. Schließlich kommt dieses Ethos rezeptionsgeschichtlich wirksam in den Vorschriften des Heiligkeitsgesetzes zum "Umgang mit dem schuldig gewordenen Bruder"[19] zum Ausdruck: "Du sollst in deinem Herzen keinen Haß gegen deinen Bruder tragen. Weise deinen Stammesgenossen zurecht, so wirst du seinetwegen keine Schuld auf dich laden. An den Kindern deines Volkes sollst du dich nicht rächen und ihnen nichts nachtragen. Du sollst deinen Nächsten lieben wie dich selbst. Ich bin der Herr" (Lev 19,17-18).

Alttestamentlicher Glaube und Biblische Theologie, FS H.D. Preuß, Stuttgart 1992, 59-68, hier: 65.

17 E. Otto, Die Geburt des moralischen Bewußtseins. Die Ethik der Hebräischen Bibel, in: E. Otto - S. Uhlig, Bibel und Christentum im Orient, Orientalia Biblica et Christiana 1, Glückstadt 1991, 65-87, hier: 73.

18 H.P. Mathys, Liebe deinen Nächsten wie dich selbst, OBO 71, Göttingen 1986, 35.

19 Ebd. 67; vgl. Otto (Fn. 17), 74ff.

Dem gleichen Zweck dienen Argumentationsfiguren spätexilischer deuteronomistischer Bearbeiter des Bundesbuches und des Deuteronomiums, die die gute Behandlung des Fremden fordern und dabei die Goldene Regel einsetzen. Der Fremde soll so behandelt werden, wie die Israeliten es für sich aus leidvoller Ägyptenerfahrung heraus wünschten: "Einen Fremden sollst du nicht ausnützen oder ausbeuten, denn ihr selbst seid in Ägypten Fremde gewesen" (Ex 22,20; vgl. Ex 23,9 und Dtn 10,19; 23,8). Ähnlich wie im NT wird im ersten Testament die Argumentationsfigur der Goldenen Regel in den Kontext des Liebesgebotes gerückt, so in Dtn 19,19 und Lev 19,33f. Dabei ist der Fremde der von außen Kommende, der in die Gemeinschaft des Volkes zu integrieren ist. Je nach Struktur des Gottesvolkes kann das beim staatlich verfaßten Volk der nichtansässige Volksgenosse oder beim Gottesvolk als Gemeinde der Glaubensbruder sein. Eine Tendenz zur Universalisierung des Adressatenkreises der Bruderliebe ist dabei festzustellen.

Dieser Durchgang darf nicht schließen, ohne einen Blick auf die sogenannten Tempeleinlaßliturgien der Pss 15 und 24 (vgl. Jes 33,14-16). In ihnen werden die Unschuldsbeteuerungen der unter Rechtsnot leidenden Beter zusammengefaßt. Vor dem im Jerusalemer Tempel anwesenden JHWH geben sie an, worauf es für den JHWH-treuen Gerechten ankommt. Der im Kult präsente Gott fordert ein JHWH-konformes Verhalten im Alltag ohne besondere rituelle Leistungen. Die Charakterisierungen des Gerechten verbinden Recht und Ethos, Gesinnung und Tat, konkrete Forderungen und allgemeine Maximen. Es geht um alltägliches zwischenmenschliches Verhalten, um Aufrichtigkeit, wahrhaftiges Reden, verläßliches Wort, Beachtung des Tun-Ergehen-Zusammenhangs, Vermeidung von übler Nachrede und Meineid, Beachtung des Zinsverbotes und unbestechliche Rechtsprechung.

So wirken Prophetie, Gesetzeskorpora und Psalmen zusammen bei der Einschärfung eines JHWH-gemäßen Zusammenlebens, das für Israel ein bestimmtes Menschenbild verrät, das zugleich aber über das Gottesvolk hinaus ausstrahlt.

4. Alttestamentliche Ansätze zur universalen Geltung von Maximen

Mit der Idee der Menschenwürde ist der Gesichtspunkt der Gleichheit der Menschen in bezug auf ihre Würde mitgegeben. "Damit ist jede Parteilichkeit, jeder Egoismus, aber auch jeder ethische Partikularismus ausgeschlossen, der nur die Angehörigen des eigenen Volkes, der eigenen Rasse oder nur Menschen derselben Hautfarbe als seinesgleichen anerkennt".[20] Wie wir oben gesehen haben, sind manche anthropologischen Einsichten des AT von vornherein in Richtung universaler Gültigkeit formuliert oder lassen sich auch verallgemeinern. "Das Gebot der Nächstenliebe bezieht sich im jetzigen Zusammenhang auf den Volksgenossen. Es hätte aber in der Geschichte niemals eine derartige Bedeutung gewinnen können, wäre es nicht recht allgemein formuliert gewesen".[21] In diesem Zusammenhang sei zum Schluß ein Blick auf biblische Ansätze zur Universalisierung von Verhaltensforderungen geworfen analog zur Begründung des Verbotes, Menschenblut zu vergießen, durch die Gottesebenbildlichkeit wie in Gen 9,6.

Wenn die Bibel universale Aussagen machen will, redet sie vom Schöpfer und von Schöpfung. Eine solche Argumentationsfigur findet sich im priesterschriftlichen Gedanken, daß der Mensch, der über Israel den

---

20 W. Wolbert, "Niemals bloß als Mittel, immer zugleich als Zweck", in: Theologie und Glaube 76 (1986) 1-16, hier: 16.

21 Mathys (Fn. 18), 39.

Gehalt der Erkenntnis vermittelt erhält, sich so zu verhalten hat, wie Gott gehandelt hat; es ist die Argumentation mit der imitatio de creatoris, wie wir sie im priesterschriftlichen Sabbatgebot des Exodusdekalogs Ex 20,8-11 und Ex 31,16f finden: Am Sabbat sollen Mensch und Tier ruhen von der Arbeit, wie Gott am Schöpfungssabbat geruht hat. Der für jeden Menschen wichtige Lebensrhythmus mit seiner impliziten Qualifizierung von Arbeit und Ruhe ist vom Schöpfer in die Schöpfung eingestiftet, von Israel entdeckt (Ex 16) und der Welt vorgelebt worden, die ihn übernehmen soll.

Israel selbst hat die Überzeugung entwickelt, daß seine Gesetze und Vorschriften für den Menschen - und nicht nur für den Israeliten - lebensnotwendig sind. Im Geschichtsrückblick von Ez 20 kann in v 11 auf die Allgemeingültigkeit der Sinaigesetzgebung verwiesen werden: Es sind die Gesetze und Rechtsvorschriften, die der Mensch befolgen muß, damit er durch sie am Leben bleibt (vgl. Lev 18,5)!

Im Deuteronomium wird das eigene Erleben der Sinai-Horeb-Ereignisse, vor allem die Mitteilung des Dekalogs, für Israel transparent auf den Menschen hin: "Heute ist es uns geschehen, daß Gott zu Menschen sprach und sie am Leben blieben!" (Dtn 5,24; vgl. 26). Eine spätere Reflexion kann im Rückblick auf die Wüstenwanderung festhalten: "Er wollte dich erkennen lassen, daß der Mensch nicht nur vom Brot lebt, sondern daß der Mensch von allem lebt, was der Mund des Herrn spricht" (Dtn 8,3).

In Dtn 4,6-8 zeigt Israel an, daß es um die Weltgeltung seiner Erfahrungen weiß, näherhin um die Qualität der Tora als des "einzigartigen wirklich gerechten Gesellschaftsentwurfs"[22] und um die besondere Nähe seines Gottes, der immer und überall anrufbar

---

22 N. Lohfink, Das deuteronomische Gesetz in der Endgestalt - Entwurf einer Gesellschaft ohne marginale Gruppen, in: BN 51 (1990) 25-40, hier: 38f.

ist. Diese Linie setzt sich weiter fort, wenn Schöpfungsordnung und Tora miteinander verbunden werden wie in Ps 19.

In Texten der älteren Weisheit wird auf den Schöpfer verwiesen, wenn es darum geht, gering geachtete Arme zu schützen, indem man sie als Geschöpfe Gottes bezeichnet und sie seiner Fürsorge unterstellt: "Wer den Geringen bedrückt, schmäht dessen Schöpfer, ihn ehrt, wer Erbarmen hat mit dem Bedürftigen" (Spr 14,31; vgl. Spr 17,5 - der Arme; Spr 22,2 - Reich und arm; Ijob 3,13-15 - Knecht und Magd; Sir 3,16; 4,5f; 38,1 - die Geringen und der Arzt).

Seit Deuterojesaja (Jes 43,6f; 45,10f; vgl. Dtn 32,4) wird JHWH als der Schöpfer und Vater Israels bezeichnet. In Mal 2,10 wird auf die Vaterschaft Gottes verwiesen, damit die Israeliten sich der Bruderschaft unter den Söhnen des einen Vaters bewußt werden: "Haben wir nicht alle denselben Vater? Hat nicht der eine Gott uns alle erschaffen? Warum handeln wir dann treulos, einer gegen den andern, und entweihen den Bund unserer Väter?" Aber erst bei Philo von Alexandrien wird die Vateraussage universalisiert. Gott wird zum "Vater aller Menschen und Schöpfer des Alls", zum "Schöpfer, Vater und Erhalter" des Menschen. Unter Einfluß des Hellenismus dringt die Vater-Anrede in die Gebetssprache ein, wie es Sir 51,10, Weish 14,3 und Tob 13,4 bezeugen. Die Übergänge zum Sprachgebrauch des NT gestalten sich fließend. In der Vater-Anrede dominiert der Aspekt der machtvollen Treue und des Erbarmens mit Israel und darüber hinaus mit allen Menschen, wie er im NT brennpunktartig im "Vater unser" und im Gleichnis vom barmherzigen Vater zur Sprache kommt.

Ich möchte schließen und an den Anfang zu den Vorüberlegungen zurückkehren, indem ich an die Spannweite alttestamentlicher Menschenbilder erinnere und eine Reihe von Kontrastaussagen anführe.

Der aus der Krise der Weisheit stammende und mit Kohelet verwandte Ps 49, der zugleich ein wichtiger Zeuge für den Glauben an die Auferstehung ist, kann als Refrain formulieren: "Der Mensch bleibt nicht in seiner Pracht, er gleicht dem Vieh, das verstummt" (Ps 49,13; vgl. 21). Wie bei Kohelet nivelliert der Tod alle sozialen, ethischen und ontischen Unterschiede zwischen Mensch und Mensch und Mensch und Tier.

In seiner Auseinandersetzung um die Neutralitätspolitik des Südreiches vergleicht der Prophet Jesaja den in Aussicht genommenen Bündnispartner Ägypten mit dem ohnmächtigen Menschen und dem vergänglichen, schwachen Fleisch, denen auf der Gegenseite der mächtige Gott und der beständige Geist gegenüberstehen: "Auch der Ägypter ist nur ein Mensch und kein Gott, seine Pferde sind nur Fleisch und nicht Geist!" (Jes 31,3).

Auf dem Höhepunkt seiner späten Verkündigung legt der Prophet Hosea dar, warum JHWH seinen durch den wiederholten Abfall Israels gerechtfertigten Zorn nicht vollstreckt, sondern die ungeschuldete Liebe zu seinem Sohn Israel durchbrechen läßt: "Wie könnte ich dich preisgeben, Efraim, wie dich aufgeben, Israel? Wie könnte ich dich preisgeben wie Adma, dich behandeln wie Zebojim? Mein Herz wendet sich gegen mich, mein Mitleid lodert auf. Ich will meinen glühenden Zorn nicht vollstrecken und Efraim nicht noch einmal vernichten. Denn ich bin Gott, nicht ein Mensch, der Heilige in deiner Mitte. Darum komme ich nicht in der Hitze des Zorns" (Hos 11,8-9). Der Abstand Gottes zum Menschen besteht darin, daß er die Treulosen verschont und in der Liebe leidend bei seinem Volk, 'in deiner Mitte', bleibt. "Der Text weiß darum, daß diese Selbstüberwindung, die dem anderen Zukunft eröffnet, dem Menschen nicht von Natur gegeben ist. Indem Gott auf die Gewalt des Menschen nicht mit der Gegengewalt des Zornes reagiert, sondern in der mitleidenden Selbstüberwindung als Überwindung des Zornes auch das Böse des Menschen überwindet, ist die Dialektik von Gewalt und Gegengewalt im Verhältnis von Gott und Mensch aufgehoben. ... (So) versteht man Hos 11 als Modell kommunikativen Handelns des Menschen mit dem Menschen".[23] Hos 11 in eine biblische Anthropologie hineinzuziehen, das ist nicht nur wegen des Vergleichs von Gott und Mensch zu legitimieren, sondern von einer grundlegenden Tendenz alttestamentlicher Anthropologie her, nämlich dort, wo der schwache und sündige Mensch mit seinen Möglichkeiten am Ende ist, von Gott her einen neuen Anfang zu setzen.

---

[23] Otto (Fn. 17), 71f.

Rocco Buttiglione

Die theologischen und philosophischen Voraussetzungen der christlichen Anthropologie

1.

Die Anthropologie ist die Wissenschaft des Menschen. Sie versucht die Frage zu beantworten: Was ist der Mensch? Selbstverständlich ist der Mensch ein Körper, der ein Maß besitzt. Als solcher ist der Mensch ein Objekt der Physik, ein Ding der physischen Welt. Dazu ist der Mensch ein beseelter Körper, ein lebendiger Leib. Als solcher ist er Objekt der Biologie, die die Zusammensetzung und den Aufbau des menschlichen Leibes studiert, gerade wie der ähnliche Aufbau des Leibes eines Tieres studiert werden kann. In beiden Fällen wird zwar der Mensch studiert, doch nicht als Mensch, sondern nur als ein Naturwesen. Was bei einem solchen Studium nicht thematisiert wird, ist gerade das, was ihn eigentlich zum Menschen macht. Nicht besser geht es bei den sogenannten Humanwissenschaften. Wir können zwar die ökonomischen Gesetzmäßigkeiten studieren, die die menschliche Tätigkeit in diesem Bereich bedingen, oder die Emotionskomplexe, die unser Verhalten hemmen oder anregen. Auch in diesen Fällen ist das Objekt unserer Erkenntnis immer ein Teilaspekt des menschlichen Wesens, der verabsolutiert wird, indem andere Aspekte desselben Wesens als Störfaktoren für die Reinheit der wissenschaftlichen Erkenntnis in diesem besonderen Bereich ausgeschaltet werden.

Ich will zwar die Nützlichkeit dieser Vorgehensweise nicht leugnen. Viele (wenn auch nicht alle) Fortschritte im Bereich der Medizin, zum Beispiel, sind gerade durch die konsequente Anwendung dieser Methodologie erzielt worden. Der Mensch als Erkenntnisobjekt wird unter den vielen besonderen Wissenschaften zergliedert, um dann analytisch erforscht zu werden. Eine unvermeidliche Konsequenz dieser Methode ist es aber, daß der Mensch als solcher, als Ganzes, von unserem Erkenntnishorizont verschwindet. Die verschiedenen geistigen und leiblichen Elemente des *compositum humanum* werden zu Objekten einer zunehmend generalisierten wissenschaftlichen Erkenntnis gemacht; die Form des Menschen, die allen Teilen den eigentlichen menschlichen Charakter verleiht, geht verloren.

Wir erleben heute die Krise des Positivismus. Der Positivismus hatte behauptet, den Menschen unter den verschiedenen Wissenschaften verteilen und ihn dann wieder kritisch zusammensetzen zu können. An der Spitze der positivistischen Enzyklopädie sollte die Wissenschaft des Menschen, der Gesellschaft und der Gesetzgebung stehen. Diese sollte das Rätsel des Menschen lösen und die vollendete Gesellschaftsordnung verwirklichen. Der Marxismus gibt uns ein ausgezeichnetes Beispiel einer solchen Wissenschaft der menschlichen Totalität, die aber in der Theorie genauso wie in der Praxis völlig gescheitert ist.

Ein weiterer Versuch ist durch das Schlagwort "Interdisziplinarität" bezeichnet worden. Man hat richtigerweise behauptet, daß es unmöglich sei, den Menschen als Menschen zum Objekt einer wissenschaftlichen Erkenntnis zu machen. Man hat dann irrtümlicherweise vermutet, daß es genügen würde, die Beiträge der verschiedenen Humanwissenschaften nebeneinanderzureihen, um Totalität wieder zu erreichen. Es hat sich aber rasch herausgestellt, daß die Humanwissenschaften sich voneinander unterscheiden, nicht weil sie jeweils unterschiedliche materiale Komponenten des Menschen behandeln, sondern weil jede ein anderes formales Objekt hat und deshalb eine eigene Sprache und eine eigene Methodologie. Zwischen den Humanwissenschaften, die jede rigoros nach der eigenen Methode handelt, gibt es keine Brücke. Sobald Brücken geschlagen werden und die Humanwissenschaftler eine gemeinsame Sprache zu sprechen beginnen, ist diese Sprache nicht eine neue, aus der Synthese oder aus der Verschmelzung der alten wissenschaftlichen Sprachen entstanden. Die Sprache der gegenseitigen Verständigung ist hingegen die alte der Philosophie, die neu entdeckt und mit einer gewissen Verlegenheit gebraucht wird.

Die Wissenschaften können nur miteinander verkehren und zusammenwirken, wenn sie durch einen praktischen Gesichtspunkt vereinigt werden, wenn sie als Instrument für dasselbe menschliche Ziel gebraucht werden. Und dieses Ziel kann nur das Gute des Menschen sein. Statt ein neues Verständnis des Menschen und seines Wesens zu ermöglichen, setzt die Zusammenarbeit der Humanwissenschaften gerade einen solchen einheitlichen Begriff des Menschen voraus. Dieser Begriff wird des öfteren als selbstverständlich eingeführt. Dadurch wird aber die Betrachtung jedes wissenschaftlichen Wertes beraubt; es entsteht der peinliche Eindruck einer unbegründeten und willkürlichen Rhetorik über den Menschen, der bei so vielen praktischen und philosophischen Veranstaltungen deutlich spürbar ist.

2.

Der positivistische Versuch, eine allgemeine Wissenschaft des Menschen zu begründen, ist gescheitert. Es scheint, daß die Form des Menschen, wodurch der

Mensch eigentlich zum Menschen wird, durch sich selbst, und zwar philosophisch erforscht und evident gemacht werden muß. Wir müssen zum tätigen menschlichen Subjekt zurückgehen, um in ihm den Schlüssel zu einer philosophischen Erkenntnis des Menschen, zu einer philosophischen Anthropologie, zu suchen. So mußte zum Beispiel die sogenannte Kritische Theorie der Gesellschaft am Ende ihrer wissenschaftlichen Laufbahn die philosophische Anthropologie wieder in den Mittelpunkt ihrer Aufmerksamkeit stellen. Wir kommen dann zu der ursprünglichen Frage zurück: Was ist der Mensch? Wir wissen jetzt aber, was der Mensch nicht ist. Der Mensch ist nicht ein Ding, und eine Erkenntnismethode, die das Wesen eines Dinges restlos erklären kann, kann uns nicht zur Einsicht in das Wesen des Menschen verhelfen. Nicht nur ist der Mensch reicher an Bestimmungen als die Modelle, die wir uns vorstellen, um ihn zu begreifen. Der Mensch ist außerdem ein sich ständig bewegendes und veränderndes Wesen, das die fixierten und versteinerten Bestimmungen unseres Kategoriensystems immer wieder zu transzendieren vermag. Dies hat die existentialistische Anthropologie sehr wohl verstanden. Sie hat gerade mit dieser Transzendenzfähigkeit das Wesen des Menschen identifiziert. Mit einem Paradox haben einige Existentialisten behauptet, das Wesen des Menschen bestehe gerade darin, kein Wesen zu haben. Im Menschen - so behaupten diese Philosophen - geht die Existenz dem Wesen vor, weil der Mensch das eigene Wesen durch die eigene existentielle Entscheidung bestimmt. Während die positivistische Anthropologie im Menschen nur das sehen will, was Bedingtheit und Wiederholung ist, was in die Kette der Wirkungszusammenhänge eingefügt werden kann, will die existentiale Anthropologie gerade dies aus dem Begriff des Menschen ausschließen. Der Mensch erscheint uns hier nur als ein freies Wesen oder als ein

Seiendes, dessen Wesen darin besteht, sich frei zu verwalten und umzuformen.

3.

Die erste oben erwähnte Auffassung stellt sich den Menschen als ein Objekt ohne Freiheit vor, die zweite als eine Freiheit ohne Objekt. Im Jargon der Hegelschen Schule kann man sagen, daß im ersten Fall der Mensch als Substanz, im zweiten als Selbstbewußtsein bestimmt wird, und die einfache Tatsache, daß unsere jetzige Situation so trefflich in der Sprache der Hegelschen Philosophie dargestellt werden kann, beweist, wie sehr diese Philosophie uns noch im Zaum hält, die wir längst aufgehoben zu haben behaupten.

Die positivistische Geisteshaltung hat auch eine gewisse Rückwirkung auf die Theologie gehabt und sie manchmal zu einer eher starren Auffassung des Naturgesetzes geführt. Der Mensch wird dann als ein Seiendes verstanden, das in der Naturforschung eine vorgegebene Stelle hat, der er sich anpassen soll. Nur besitzt er ein anderes Anpassungsorgan als die Tiere. Um die eigene Rolle im Weltall zu erfüllen, genügt es ihnen, dem Instinkt Folge zu leisten. Der Mensch muß durch die Vernunft die eigene Stelle im Kosmos und die sich daraus ergebenden Forderungen verstehen, um dann willentlich diese Stelle anzunehmen und diesen Forderungen zu genügen. Eine solche Auffassung des Naturrechts kann sich zwar auf ein wichtiges stoisches Erbe im christlichen Naturrecht stützen. So schreibt zum Beispiel der hl. Thomas von Aquin, daß *"jus naturale est quod natura omnia animalia docuit, sicut maris et feminae conjunctio, prolis procreatio"* usw. Dieser bekannte Satz wiederholt buchstäblich die stoische Tradition des Römischen Rechtes. Es muß hier dahingestellt bleiben, welche die echte Bedeutung dieses Satzes sei in seinem ursprünglichen Kontext, und welche neue

Bedeutung er auf dem Hintergrund der ganzen thomistischen Naturrechtslehre gewinnt. Es genügt im Moment für unsere Zwecke, zu unterstreichen, daß in einem positivistischen Zeitalter und unter dem Druck eines positivistischen Begriffes des Naturgesetzes auch dieser Satz strenger interpretiert werden mußte. Der Neothomismus hat heftig gegen den Positivismus polemisiert, er hat aber auch zugleich versucht, die christliche Lehre auf eine Weise zu formulieren, die für vom Positivismus geprägte Menschen verständlich und anziehungsfähig wäre. Dadurch mußten unwillkürlich einige Seiten der christlichen und auch der thomistischen Lehre stärker betont werden als andere. Jede Formulierung der christlichen Lehre wird durch die Gegner beeinflußt, gegen die sie formuliert wird, umsomehr weil die Gegner zugleich die Brüder sind, denen dieselbe Lehre verkündigt werden muß. Diese Anpassung der Lehre an die Bedürfnisse der Zeit findet selbstverständlich eine absolute Grenze in der unbedingten Forderung, keinen Teil des christlichen Erbes ausdrücklich zu verleugnen. Der Interpret darf einige Seiten der Lehre besser beleuchten als andere, hat aber nicht das Recht, einige Seiten wegzustreichen oder völlig im Dunkeln zu halten.

Auch der Existentialismus hat die Theologie stark beeinflußt. Eine vom Existentialismus beeinflußte Theologie hat sich sehr oft als die Theologie des Konzils oder auch als eine personalistische Theologie vorgestellt.

Hat die Theologie des positivistischen Zeitalters die Norm und das Gesetz verherrlicht, so hat die Theologie der existentialistischen Epoche die Freiheit hervorgehoben. Mit der existentialistisch verstandenen Freiheit ist auch das Gewissen einbezogen. Das Gewissen wird manchmal zum Ort, wo der Mensch über sich selbst entscheidet, und keine äußere Autorität hat das Recht, sich einzumischen. Diese Selbstbestimmung kann nicht nur als die Erfüllung von Pflichten aufgefaßt werden, die dem Menschen durch das moralische Gesetz auferlegt werden. Es ist vielmehr eine schöpferische Erfindung und Ausgestaltung des eigenen unwiederholbaren Schicksals. Die Theologie muß jetzt nicht vom Gesetz, sondern von der Person ausgehen. Die Person verwirklicht sich selbst, indem sie von der eigenen Freiheit Gebrauch macht, und die größte und vielleicht die einzige Sünde besteht darin, sich diesem Ruf der Freiheit zu entziehen und das eigene Leben den Mächten preiszugeben, die es von außen her bestimmen wollen, den Mächten des blinden Gehorsams und der Tradition. Das einzige Gesetz, das sich mit der Freiheit verträgt, ist das selbstauferlegte Gesetz; und auch dieser Satz muß nicht ernst genommen werden. Jede Entscheidung muß immer revidierbar sein, jeder Einsatz der Freiheit muß für eine weitere Entwicklung offenbleiben, die ihr vielleicht widerspricht. Das Gebot der Liebe soll nun heißen, daß jeder Person die Möglichkeit dieser Selbstbestimmung eingeräumt werden muß, sogar im Falle, in dem diese Selbstbestimmung dem wahren Gute der Person zuwiderläuft. Dies wäre übrigens an sich unmöglich, weil es keinen anderen Grund gäbe, dieses Gute zu bestimmen, als gerade die Selbstbestimmung der Person.

4.

Die christliche Theologie und die Philosophie sind reicher als die zwei Stellungen, die ich ganz kurz charakterisiert und auch ein bißchen karikiert habe. Ich meine nicht, daß sie ganz falsch seien, sie geben uns aber nur eine Seite jenes komplexen Wesens, das der Mensch ist.

Wir können den Menschen nicht einseitig als Natur verstehen und auch nicht als Kultur oder Freiheit. Der Mensch ist vielmehr eine Freiheit, die sich eine Natur anzueignen hat und sich vorerst gerade in der Beherrschung der eigenen Natur wiederfindet. Die Freiheit hört auf, ein frei schwebender Begriff zu sein, wenn sie als eigenen Inhalt die Beherrschung der Natur bekommt. Das erste Zeichen der menschlichen Freiheit besteht gerade in seiner Transzendenzfähigkeit. Das Objekt und die ganze Welt der Objekte wird vom Menschen transzendiert, indem der Mensch sich das Objekt untertan und für die Befriedigung seiner Bedürfnisse dienstbar macht. Der Prozeß, wodurch dies zustande gebracht wird, ist die Arbeit. Die Arbeit gibt uns deshalb eine hervorragende Gelegenheit, um zu verstehen, wie in der wirklichen Ausübung der menschlichen Tätigkeit Freiheit und Natur aufeinander hingewiesen werden. Um zu arbeiten, muß der Mensch sich zuerst der inneren Struktur der Naturobjekte bewußt werden, die er als Rohmaterialien für die eigene Tätigkeit verwenden will; versucht er aber, sie willkürlich umzugestalten, dann muß sein Unternehmen scheitern. Der Arbeit geht also ein kontemplatives Moment voraus, das die Potentialität des Objektes einsieht und einschätzt. Es folgt der Einsatz des menschlichen Willens und der menschlichen Kraft, die die früher entdeckten Potentialitäten verwirklichen und zugleich dem Stoff das Zeichen des Geistes einprägen. Umso tiefer die Kontemplation der Eigenart des Objektes, umso freier und schöpferischer die Ausgestaltung des Werkes. Der Mensch soll die Welt beherrschen - so sagt die Heilige Schrift - und er hat sogar das Recht, Pflanzen und Tiere zu benennen.

Diese Beherrschung soll aber nicht eine tyrannische sein, sondern (in der Sprache des Aristoteles) eine politische. Der Mensch muß die innere Berufung entdecken und respektieren, den eigenen Wert oder, mit dem klassischen Wort, die Natur der Objekte der Welt. Wenn er sie benutzt, um die eigenen Bedürfnisse zu befriedigen, soll er ihnen zugleich helfen, die ihnen angemessene Vollendung zu erlangen. Diese menschliche Beherrschung der Natur hebt sich klar ab von einer blinden und willkürlichen Ausbeutung und Vergewaltigung der Naturwelt. Der hl. Augustinus hat diese beiden Haltungen scharf auseinandergehalten: erstere hat er mit dem Wort *frui*, die andere mit dem Wort *uti* bezeichnet.

Gilt diese Regel für die äußere Welt, umsomehr muß sie für die innere Welt des Menschen, für die menschliche Natur gelten. Der Mensch ist zwar und vorerst ein Subjekt, er ist aber zugleich ein Objekt. Er kann sich selbst von sich selbst vergegenständlichen und von sich, von den eigenen biologischen Bedürfnissen sowie den eigenen affektiven Regungen und der eigenen geistigen Bestimmung Kenntnis nehmen. Seine erste Aufgabe besteht gerade darin, von sich selbst Kenntnis zu nehmen, um von sich selbst Besitz ergreifen zu können. Die Arbeit, um die Welt zu beherrschen, beginnt immer im Herzen des Menschen, weil nur durch die Beherrschung seiner selbst der Mensch den ungetrübten Blick und die kräftige Energie gewinnt, um die äußere Welt zu beherrschen.

Der Mensch muß sich der eigenen inneren Regungen bewußt werden, und er muß sie vor sich objektivieren. Dies heißt, daß er sich mit ihnen nicht unmittelbar identifizieren kann, er muß lernen, ihnen Widerstand zu leisten; er muß ihren eigenen Zweck entdecken und sie nach diesem Zweck führen und für seine Erlangung gebrauchen. Dies verlangt wieder eine Haltung weder unbedingter Bejahung noch blinder Verdrängung der eigenen Leidenschaften. Manchmal darf und soll einer sich mit ihnen identifizieren, manchmal wieder nicht. Der Mensch soll in sich gerade diese Kontrollinstanz aufbauen, die es ihm ermöglicht, von sich Abstand zu nehmen, um sich mit sich selbst vernünftig/kritisch zu identifizieren. Nur dadurch wird er wirklich frei.

Wenn wir von der menschlichen Freiheit sprechen, ohne auf diesen mühseligen Vorgang zu achten, durch den die Freiheit erworben wird, laufen wir immer Gefahr, die Freiheit des Menschen mit dem zügellosen Walten seiner inneren Regungen zu verwechseln. Jener aber, der den eigenen Regungen gehorcht, befindet sich in einem noch schlimmeren Sklavereizustand als einer, der einem fremden Herrn untersteht. Diese einfache Wahrheit liegt schon der klassischen Ethik zugrunde und wird vom hl. Thomas von Aquin angenommen und vollendet. Nur der tugendhafte Mensch ist wirklich frei und die Kardinaltugenden haben gerade die Funktion, die inneren Regungen zu beherrschen, so daß die Persönlichkeit sich als ein Ganzes entwickeln kann im Lichte der Wahrheit, die von der Weisheit aufgenommen wird. Das echt Menschliche im Menschen ist gerade die Einheit von Freiheit und Weisheit, wenn die Freiheit, die sich die Leidenschaft untertan gemacht hat, nach der Wahrheit handelt, die ihr die Weisheit vorlegt. Wenn der Mensch sich mit den eigenen leiblichen und affektiven Regungen identifiziert und nach der Wahrheit strebt, ist dies ein sicheres Zeichen, daß es etwas im Menschen gibt, das noch tiefer liegt als die Leidenschaften. Der Mensch ist für die Wahrheit noch mehr als für die leiblichen und affektiven Genüsse gemacht. Der hl. Augustinus spricht von einer *"delectatio veritatis"*, dem Genuß der Wahrheit, der wohl schwer zu entdecken ist, der aber, einmal gekostet, den Menschen mehr in seinen Bann zieht als alle anderen irdischen Genüsse. Dadurch transzendiert der Mensch das einseitige oder egoistische Interesse des eigenen Leibes und nimmt als eigenes Interesse das Interesse des Ganzen an. Er will nicht mehr das eigene Interesse verwirklichen, ohne zugleich in ihm die Verwirklichung der Berufung der ganzen Schöpfung zum Guten und zur Schönheit aufzunehmen. In der Welt spiegelt sich die Herrlichkeit

Gottes wider, und sowie er die Wahrheit über die Welt aufnimmt, spiegelt der Mensch noch einmal die Herrlichkeit Gottes in der eigenen Seele wider. Gerade darin besteht eine wichtige Dimension der "Ebenbildlichkeit Gottes". Der Mensch, der der Wahrheit gehorcht, will der Welt zur Vollendung der eigenen Bestimmung als Zeichen der Herrlichkeit Gottes helfen, stellt die eigene schöpferische Kraft in den Dienst dieser Vollendung und wird dadurch Mitschöpfer mit Gott. Dies ist die Liebe Gottes bis zur Selbstverachtung, während der Mensch, der sich mit den eigenen sinnlichen Regungen identifiziert, seine Kräfte einsetzen wird, um diese Regungen auf Kosten der Naturwelt zu befriedigen. Er will der göttlichen Schöpfung eine andere, eine eigene, entgegensetzen, und das letzte Ergebnis seiner Anstrengungen kann nur die Auflösung und die Vernichtung der Schöpfung sein. Er versklavt sich und zieht die Welt mit sich in die Sklaverei hinein. Dies ist die Selbstliebe bis zur Verachtung Gottes.

Nehmen wir diese alte Lehre ernst, so leuchtet uns die göttliche Natur der sittlichen Handlung ein. In dieser Handlung nimmt der Mensch in sich die göttliche Intention auf und wird, in gewisser Hinsicht, eins mit Gott. Die einzige Handlung, durch die die Welt erschaffen und das Gute gestiftet wird, gehört zwar primär Gott, aber zugleich dem Menschen, der das eigene Wesen der Initiative Gottes verdankt, als Handlung Gottes versteht und sich deshalb aus Dankbarkeit und Liebe Gott hingibt. Gerade deshalb sagt das Konzil, daß der Mensch ein Seiendes solcher Natur ist, daß es sich nur durch die freie Hingabe seines selbst verwirklichen kann. Die christliche Anthropologie ist eine Anthropologie der Hingabe.

5.

Wir können jetzt aus den vorhergehenden Ausführungen einige Konsequenzen ziehen. Freiheit und Natur werden dynamisch aufeinander bezogen im sittlichen Akt. Dieser Akt ist ohne Freiheit ebenso undenkbar wie ohne Natur. Eine angemessene Anthropologie muß deshalb beiden Seiten des menschlichen Daseins Rechnung tragen. Dieser Aufgabe kann nur gerecht werden, wer die Rolle der Wahrheit in der menschlichen Handlung versteht. Indem der Mensch nach der Wahrheit handelt, verwirklicht er in ein und demselben Akt die eigene Freiheit und die eigene Natur. Wer nur der Wahrheit gehorcht, der ist ein König. Nicht zufälligerweise hat das Konzil gerade auf diese Funktion der Wahrheit hingewiesen in der Schilderung des *"Munus regale"* (des königlichen Amtes) des Christen.

Wenn das Konzil die Würde der menschlichen Person so ausdrücklich betont, so will es keine idealistische Auffassung der menschlichen Freiheit bekräftigen, die diese Freiheit aus dem Leibeszusammenhang loszulösen trachtet, in den sie eingebettet ist. Es ist zwar richtig, die Auffassung des Konzils als Personalismus zu bezeichnen, man darf aber nie vergessen, daß dies ein realistischer und nicht ein idealistischer Personalismus ist. Eine Konsequenz davon besteht darin, daß die Natur des Menschen durch seine Freiheit nicht annulliert, sondern mit Dankbarkeit als eine Herausforderung und eine Aufgabe angenommen wird. Wenn der Mensch von seinem eigenen Leib, von seinen inneren Regungen Abstand nimmt, um sich restlos der Wahrheit hinzugeben, löst er damit keineswegs die eigene Bindung zu seinem Leib, zu seiner Zeit, zu seiner Heimat, Familie usw. Er ist zwar für die Vollendung der Welt mitverantwortlich; diese Verantwortung beginnt aber in einem bestimmten Ort und in einem gewissen Moment der Zeit. Einige Dinge, einige Menschen, einige Werte sind ihm in einer ganz besonderen Weise anvertraut.

Im Evangelium fordert uns Jesus auf, Vater und Mutter, Frau oder Mann, Kinder und Geschwister zu verlassen, um ihm zu folgen. Jenen, die ihm folgen, verspricht er das Ewige Leben und einhundert mal mehr in diesem Leben. Das Wort Jesu scheint auf eine doppelte Bewegung hinzuweisen. Erstens distanziert sich der Mensch von sich selbst und von seinen natürlichen Affekten, um sich nur der Wahrheit und Gott hinzugeben. Dann wendet er sich wieder der Welt zu und liebt diesmal sich selbst, die eigene Familie usw. mit einer Liebe, die weit über die Grenze des rein Sinnlichen reicht, weil sie in der Wahrheit geliebt werden, und weil sie uns von Gott besonders anvertraut worden sind, damit wir zur Vollendung ihrer letzten Bestimmung mitwirken. Es gibt eine allgemeine Verantwortung für die ganze Schöpfung, die aber vorerst ausgeübt wird durch eine Übernahme der Verantwortung für ein bestimmtes Stück der Welt. Eine weitere Konsequenz dieses Sachverhaltes ist, daß die gemeinsame Verantwortung für die ganze Schöpfung die gemeinsame Mitarbeit aller Menschen verlangt. Der Tatbestand, daß ein Teil der Erde und der gemeinsamen menschlichen Familie ganz besonders mir anvertraut worden ist, schließt keineswegs aus, daß ich auch für das Ganze eine Verantwortung trage, die nur ausgeübt werden kann in einer Beziehung zu jenen, die für die anderen Teile derselben Schöpfung zuständig sind. Diese Struktur liegt auch dem Prinzip des abgesonderten und zugleich des gemeinsamen Bestimmungsrechtes über die Güter der Erde zugrunde. Es gibt ein Stück der Erdfläche, das ich mein nennen kann, weil ich es gekauft oder von meinen Eltern geerbt habe. Ich darf aber auch von dem Dorf oder von der Stadt, wo ich geboren wurde, sagen, daß es mein Dorf oder meine Stadt ist, und daß ich ein besonderes

Recht besitze zur Mitgestaltung der natürlichen und menschlichen Verhältnisse in diesem Bereich. Dasselbe Recht, in einer veränderten Form, erstreckt sich auf die ganze Erde, die unsere Erde ist. Gerade deshalb ist das menschliche Recht zum Privateigentum ein natürliches, aber nicht ein unbedingtes und unbeschränktes Recht. Der Besitzer soll in seiner Verwaltung immer auf den berechtigten Anspruch aller Menschen achten, daß er die eigenen Rechte in einer Weise ausübt, die ihnen zugleich hilft, die eigenen menschlichen Bestimmungen zu erfüllen.

Wir haben diese Situation von der Objektseite her beschrieben. Wir sind von der Hingabe des Menschen an die Wahrheit ausgegangen und haben dann die sich daraus ergebenden Konsequenzen allgemein festgestellt: die individuelle und zugleich gemeinsame Verantwortung für die Schöpfung. Wir würden aber das Wesen dieser Situation verkennen, wenn wir sie nicht zugleich von der Subjektseite her angingen. Die Schöpfung, die uns anvertraut ist, ist nicht nur die Erde. Noch wichtiger als die Erde ist die menschliche Person, in uns und in den anderen. Die Anerkennung der Wahrheit über die Person begründet das Gebot der Liebe und zwar die Verantwortung, der Person zu helfen, die eigene Bestimmung zu erfüllen. Weil die Person die eigene Bestimmung ohne die Freiheit nicht erfüllen kann, schließt dies unbedingte Achtung vor der menschlichen Freiheit ein. Weil diese Erfüllung die Annahme der objektiven Wahrheit über die Schöpfung, über die Person und über Gott voraussetzt, schließt dies den Dialog über die Wahrheit und die Forderung, sich ihr unbedingt hinzugeben, ein. Man kann einen anderen Menschen nicht lieben und die eigene Verantwortung ihm gegenüber nicht wahrnehmen, wenn man sich fürchtet, ihm eine schwierige oder bittere Wahrheit zu sagen.

Durch die gegenseitige Übernahme einer besonderen Verantwortung für die Person entsteht die menschliche Gemeinschaft oder organisiert sich die allgemeine menschliche Gemeinschaft in kleineren Kreisen, wo die Liebe im Alltagsleben verwirklicht wird. Die Gemeindezugehörigkeit und der persönliche Einsatz, um die Gemeinde zu beleben, ist die Form, in der sich die Hingabe der Person ausdrückt und das Leben gestaltet.

6.

Wir müssen jetzt am Schluß eine ganz wichtige Frage erörtern: Welches ist die epistemologische Ebene, auf der sich unsere Ausführungen bewegen? Sind wir im Bereich der Philosophie, oder sind wir in jenem der Theologie? Einerseits können diese Begriffe mit Hinweisen auf das Evangelium und auf die Offenbarung belegt werden, und dies haben wir, wenn auch sparsam, gemacht. Andererseits können sie mit einer rein philosophischen und phänomenologischen Methode zur Evidenz gebracht werden.

Diese Frage ist übrigens in der Geschichte der Theologie wohl bekannt. Der hl. Thomas von Aquin schreibt ganz am Anfang der *Summa Theologica*, daß es viele Wahrheiten gibt, die im Prinzip der philosophischen Forschung zugänglich wären, die aber zugleich geoffenbart worden sind. Der Grund dafür besteht darin, daß der Mensch nach der Erbsünde, ohne eine besondere Hilfe Gottes, diese Wahrheiten nur nach einer langen und schwierigen Forschung erkennen könnte, und dazu nur unvollständig und nicht ohne den Zusatz vieler Irrtümer. Derselbe Gedanke kommt uns in den Texten des Konzils entgegen: in Christus hat Gott zugleich die Wahrheit über sich selbst und die Wahrheit über den Menschen geoffenbart. In der freien Hingabe des Lebens Christi am Kreuz findet die menschliche Bestimmung die eigene Vollendung und wird zugleich das Wesen dieser Bestimmung enthüllt: die ganze Wahrheit über die Schöpfung und über den Menschen, die schwerwiegende Wahrheit über die Sünde eingeschlossen, auf sich zu nehmen und Gott dem Vater aufzuopfern.

Eine rein philosophische Anthropologie kann zwar alle Phänomene wahrnehmen, die wir geschildert haben. Sie muß aber zwischen Bejahung und Verneinung des sich daraus ergebenden menschlichen Wesens schwanken. Wer kann mit Sicherheit wissen, daß diese Integration der Person auf der Basis der Transzendenz nach der Wahrheit möglich ist? Und wenn sie nur eine Rationalisierung von Verhalten wäre, die wirklich nur von den niedrigsten Trieben motiviert sind? Der heilige Paulus sagt uns, daß Christus das endgültige Ja Gottes zum Menschen ist. Durch ihn und in ihm wird die menschliche Berufung zum Leben in der Wahrheit bestätigt und erhöht.

Dies ist vielleicht der Grund, warum der Begriff der Person, dem zwar eine Schlüsselrolle in der philosophischen Anthropologie zukommt, vorerst in der Theologie entwickelt worden ist, um die wechselseitigen Beziehungen des Vaters, des Sohnes und des Heiligen Geistes zu erklären.

Wilhelm Korff

Christlicher Glaube und konkrete Moral

Sozialethische Perspektiven

Lassen sie mich mit einer grundsätzlichen Feststellung beginnen. Daß Glaube und Handeln, daß Heilsbezug und Weltbezug etwas miteinander zu tun haben, daß sie in einem inneren Verweisungszusammenhang stehen, ist nicht erst eine spezifisch christliche Einsicht. Jede Religion will Antwort geben auf letzte übergreifende Fragen nach der Bestimmung des Menschen und seines Handelns. Insofern ist jede religiöse Weltsicht zugleich handlungsrelevant, versteht sie sich auf ihre Weise immer auch als Dienst an der Welt. Wie dieser Dienst dann freilich ausfällt, hängt wiederum wesentlich von den Glaubensvoraussetzungen ab, aus denen der Mensch und seine Bestimmung in der Welt begriffen wird. Religion und Ethos, Glaube und Moral sind insofern wie zwei Seiten ein und derselben Sache. Der jeweilige Grundansatz der Religion bestimmt zugleich die Sichtweise der zu ihr gehörigen Moral. Seitdem es Hochreligionen gibt, spielt dabei insbesondere der Versuch eine Rolle, die Vernunft menschlichen Tuns, die Wahrheit über gut und böse aus einer alles durchwaltenden numinosen Intentionalität zu begreifen und in ihr festzumachen. Darauf zielt in unterschiedlicher Weise das Dharma der Inder, das Tao der Chinesen, die Themis der Griechen, das Fas der Lateiner, Begriffe, die die Bindung des einzelnen an eine übergreifende, von göttlichen Kräften getragene Lebensordnung ausdrücken und sein Handeln mit der Grundbestimmung der Welt in Einklang bringen sollen. Diesseitige Pflichten und jenseitige Mächte erscheinen so ihrem Wesen nach ursprünglich miteinander verknüpft. Der ethische Bezug entfaltet sich zugleich als ein kosmisch-religiöser. Menschliches Handeln ist eingebunden in die umfassende Vernunft einer von numinosen Mächten durchwalteten Welt. Der Anspruch des Ethischen artikuliert sich letztlich auf der Grundlage eines religiös gefaßten Natur und Kosmosverständnisses.

Diese Ineinssetzung von ethischem, religiösem und kosmischem Bezug wird religionsgeschichtlich durch den Gottesglauben Israels erstmals durchbrochen. Mit dem offenbarungstheologisch geltend gemachten Anspruch der alleinigen Gottheit Gottes und seiner personalen, freien, geschichtswirksamen Gegenwart, ein Anspruch, der letztlich erst im Erfassen der Welt als Schöpfung, als Werk Gottes konsequent zu Ende gedacht ist, verliert die den Menschen umgreifende naturale Wirklichkeit jede mythische, magische und divine Bedeutung und damit zugleich ihre spezifisch moralische Appellqualität. Theologie, Kosmologie und Soziologie, die vorher eine untrennbare Einheit bildeten, treten definitiv auseinander. Die Ordnungsvernunft - die Tora -, die den Menschen mit Gott verbindet und menschliches Welthandeln in Verantwortung nimmt, ist eine genuin anthropologisch ausgerichtete Wirklichkeit.

Es war gerade die große Leistung der Religion Israels, den vom *Rechtsvertrag* und *Rechtsbund* her entwickelten Begriff der Tora zum Ausgangspunkt seiner Gotteserfahrung zu machen und damit den im Gottesverständnis gründenden ethischen Anspruch auf den *Menschen*, nämlich auf den Menschen als imago dei, als Bild Gottes, zu zentrieren. Das aber hat eine doppelte Konsequenz. Einmal in Blick auf das Verhältnis des Menschen zur Welt, die ihm kraft seiner Teilhabe an der schöpferischen Tätigkeit Gottes zur Gestaltung aufgegeben wird. Genau dies ist im Herrschaftsauftrag

Gen 1,28 "Machet euch die Erde untertan" und im Gärtnerauftrag an Adam Gen 2,15, den Garten dieser Erde "zu bebauen und zu bewahren", festgehalten. Mit ihrer Entdivinisierung wird die Welt zum Arbeitsfeld des Menschen. Die andere Konsequenz betrifft das Verhältnis der Menschen zueinander. Es ist in derselben schöpfungstheologischen Profilierung des Menschen als Bild Gottes und berufenem Partner seines Bundes grundgelegt. Dem hat aller zwischenmenschliche Umgang zu entsprechen. Nur der Mensch ist sittliches Wesen, und erst im Bezug auf ihn hin gewinnt der ethische Anspruch den Charakter der Unbedingtheit. Eben diesen Anspruch entfaltet die Tora mit ihren für den Bund Jahwes mit Israel konstitutiven Geboten und Weisungen. In dieser Zuordnung von Religion und Moral, wie sie das Alte Testament hier vornimmt, zeigt sich zweifellos ein entscheidender Fortschritt. In ihr ist der Gedanke einer wesentlich auf den Imago-Status des Menschen gerichteten Ethik angezielt und auf den Weg gebracht. Was hier an Einsicht erreicht ist, gewinnt heute, in der umweltethischen Diskussion um Anthropozentrik und Physiozentrik, erneut Aktualität.

Unter einem anderen Aspekt zeigen sich freilich auch an diesem Ansatz Grenzen. Diese Grenzen treten am Verständnis der Tora als eines theologisch begründeten *Gesetzes* zutage. Der Glaube an das Gesetz denaturiert leicht zur Gesetzesgläubigkeit und damit zu Legalismus. Die nachfolgende Tendenz zur Vergesetzlichung ist in der Tat nicht zu leugnen. Eine gewisse Abhilfe dagegen bot sicherlich die Unterscheidung zwischen göttlichem und profanem Recht, wie sie auch in anderen Religionen und Kulturen vorgenommen wurde. Dem sakralen "apodiktischen Gottesrecht", das sich auf wenige Grundnormen beschränkt - im Alten Testament ist das der Dekalog - steht das profane "kasuistische Recht" gegenüber, zu dessen Legitimierung rational-pragmatische Begründungen herangezogen werden.[1]

Wichtiger aber, um einem sich ausbreitenden religiösen Legalismus zu wehren, ist eine andere innerbiblische Entwicklung, nämlich die Rückführung und Versammlung der vielen Normen in eine einfache Grundnorm. Auch diese Entwicklung liegt in der Konsequenz der biblischen Gotteserfahrung. Es geht um die Bestimmung der Vernunft menschlichen Handelns aus dem Handeln Gottes. Dies gilt im Prinzip schon für den Dekalog, der ja nicht legalistisch als ein vorwegdekretierendes Kompendium kasuistischer Einzelvorschriften verstanden sein will, sondern als eine Ordnung, die das Handeln Gottes am Menschen zur Voraussetzung und zum Maß hat. Er richtet sich gegen die Verkehrung menschlichen Handelns, in dem er die schöpfungsmäßig grundgelegte Zuordnung des Menschen zu Gott und der Menschen untereinander ans Licht hebt und darin als göttliche Forderung erschließt. Insofern ist auch der Dekalog Ausfaltung der einen schöpferischen Liebe Gottes. Gerade das aber kann durch eine entsprechend legalistische Interpretation der Einzelforderungen des Dekalogs wiederum verstellt werden. Von daher ergab sich zugleich die Notwendigkeit einer weiteren Normsystematisierung, wie sie schon das Alte Testament mit der Herausarbeitung der beiden Hauptgebote der Gottes- und der Nächstenliebe leistet, die dann von Jesus als Doppelgebot zusammengefaßt werden. Daran hängt - so Jesus - "das ganze Gesetz samt den Propheten" (Mt 22,39). Was hier aber unabweisbar hervortritt, ist die Zuordnung des Liebesgebotes und somit jeglicher auf dieses Gebot zurückweisender Einzelforderungen zu der ih-

---

1 Vgl. A. Alt, Die Ursprünge des israelitischen Rechts, in: Ders., Kleine Schriften zur Geschichte des Volkes Israel I, München 1953, 278-332; ferner H. v. Oyen, Ethik des Alten Testaments, Gütersloh 1967, 93ff.

nen vorausliegenden Liebe Gottes zur Welt. Gott will die Welt und steht für ihren Sinn ein. Im Tod Christi kommt dies endgültig zur Anschauung. Es ist die Kenosis Christi, seine Entäußerung um des Menschen willen, bis zum Tod am Kreuz, in der sich die absolute Liebe selbst bezeugt und darin den Menschen in seiner Würde rettet und rechtfertigt. Der ethische Anspruch empfängt seine Geltung und Dynamik aus der Universalität der schöpferischen Liebe Gottes selbst. Im Aufgreifen dieser Liebe wird sichtbar, was menschlichem Handeln seine universelle Form zu geben vermag: Erst die Liebe entdeckt als Richtmaß und Ziel alles Sittlichen den Menschen als Person.

Dies aber hat Konsequenzen für die Interpretation der Tora als Handlungsweisung. Die Antwort ist die Bergpredigt: "Ich bin nicht gekommen aufzulösen, sondern zu erfüllen" (Mt 5,17). Das Ethos der Bergpredigt will als konsequente Entfaltung des Liebesgebotes verstanden werden. Jesus benutzt hierzu die überkommene Gesetzessprache, verfremdet sie aber, um die gesetzliche Ebene zu durchstoßen und damit den Anspruch der Liebe auch für die konkreten zwischenmenschlichen Handlungskonstellationen aufzudecken. Indem er seine Forderungen provokant in kasuistische Rechtssätze kleidet, geht es ihm gerade nicht um die Aufstellung radikalisierter Rechtsbestimmungen - um einen neuen Legalismus -, sondern um eine neue ethische Haltung, die dem anderen überhaupt erst als Person gerecht wird. Auf dieser Linie muß sein Verbot des Schwörens, des Zürnens, der Wiedervergeltung, des Begehrens als "Ehebruch im Herzen" und des Scheidebriefes verstanden werden, eine Klimax von Forderungen, die ihren Höhepunkt im Gebot der Feindesliebe findet. Von daher gilt: Jede konkrete Moral, die für sich den Anspruch erhebt, christliche Moral sein zu wollen, muß von demselben Geist geprägt und getragen sein, wie er in den Forderungen der Bergpredigt zum Ausdruck kommt. Das Spezifikum christlicher Moral liegt im Vollzug der Liebe Christi: "Liebt einander, wie ich euch geliebt habe" (Joh 13,34). Aus dem Glauben an die Zuwendung Gottes zum Menschen ergibt sich die Forderung nach der Hinwendung des Menschen zum Menschen.

Das, worum es hier geht, gilt dem *Menschen* und steht insofern durchaus nicht gegen vernünftige Einsicht. Christliche Moral meint also keineswegs eine Sondermoral, die sich nur von Christen vertreten ließe und nur für sie gilt. "Das Problem der christlichen Ethik", so betont *Franz Böckle* mit Recht, "ist nicht die Exklusivität der vom Glauben geprägten Normen, sondern vielmehr deren Kommunikabilität."[2] Es geht um die Frage, "ob und wie die sich aus der umfassenden Botschaft des Evangeliums ergebenden Konsequenzen für das zwischenmenschliche Leben allen Menschen verständlich gemacht werden können, weil sie im Blick auf eine heilsgeschichtlich verstandene Natur im Prinzip konsensfähig sind".[3]

Diese Position ist zu aktualisieren. Wenn christliche Moral nicht nur ein partikulares, allein dem Christen einsichtiges Ethos darstellt, muß sich dies auch an den ethischen Problemen der Gegenwart bewähren. Worum aber geht es da? Zu welchen Fragen nehmen Christen, Theologen, Kirchen Stellung? Was reklamieren sie hierbei an Forderungen, die sich für sie aus christlichem Kontext ergeben, und wieweit sind diese konsensfähig? Da ist zunächst festzustellen, daß die Fragen, die Christen als ethisch wesentlich ansehen, in die sie sich einschalten und für die sie um eine christliche Antwort ringen, durchweg allgemeinmenschliche sind - wenn wir hier einmal von jenen Fragen absehen, die sich auf den spezifischen Gottesbezug der Christen,

---

2 F. Böckle, Fundamentalmoral, München 1977, 290.

3 Ebd.

also die besondere Form ihres "Heilsethos" beziehen. Es geht um Fragen der Arbeit, der Technikanwendung, der Wirtschaftsordnung, der Umwelt, der menschlichen Sexualität, der Familie, der Stellung der Frau, der Ordnungsgrundlagen des Staates, der Dritten Welt, der Friedenssicherung, und in all dem um rahmengebende, universalisierbare, den Menschen als Person sichernde Rechte, um Menschenrechte, um individuelle Freiheitsrechte, um politische Mitwirkungsrechte, um soziale Anspruchsrechte. Das alles sind gewiß keine spezifisch christlichen Themen, und es sind allesamt neuzeitliche Themen, die sich letztlich zwei großen Problemkreisen zuordnen lassen, der Ausweitung der *instrumentellen* Vernunft im Zeichen der technisch-wissenschaftlichen Kultur und der Ausweitung der *ethischen* Vernunft auf die Ordnungsformen menschlichen Zusammenlebens, die geltende Welt der sozialen Strukturen.

Dennoch ist hier zu fragen, wieweit wir nicht auch schon diese Ausweitungen selbst als eine Folge des biblischen Menschen- und Weltverständnisses und seines ethischen Anspruchs betrachten müssen. Legt sich dies für die Ausweitung der instrumentellen Vernunft von der schöpfungstheologischen Bestimmung des Menschen als Bild Gottes und dem damit verbundenen Herrschaftsauftrag her nahe, so für die Ausweitung der ethischen Vernunft auf die Strukturen von der zentralen christlichen Forderung der Liebe her, die ja nicht vor den gesellschaftlichen Strukturen und ihren Normen haltmacht, sondern auf deren Veränderung drängt, wo immer sie der Würde des Menschen widerstreiten. Natürlich wird man daraus nicht folgern dürfen, daß der im christlichen Menschen- und Weltverständnis liegende Anspruch in diesen Ausweitungen aufgeht, wohl aber, daß er damit etwas zu tun hat, daß hier also ein grundsätzlicher geschichtlicher Wirkungszusammenhang besteht. Dem aber kommt um so größere Bedeutung zu, als die Menschheit insgesamt in der Akzeptanz dieser beiden Elemente, in der Akzeptanz von Wissenschaft und Technik als unabdingbarer Grundlagen für eine weitere Entfaltung der menschlichen Lebenswelt und in der Akzeptanz des Anspruchs genereller, am Prinzip der Personwürde ausgerichteter Menschenrechte, zunehmend übereinkommt. Aus diesen Voraussetzungen vermochte sie erstmals zu einer instrumentellen und ethischen Verständigungssprache zu finden, die universalisierbar ist. Was sich heute als mögliches Gesamtethos der Menschheit anbahnt, hat christliche Wurzeln.

Freilich, auch wenn dies zutrifft, bedeutet das noch längst nicht, daß damit schon eine wahrhaft humane, der Intention Gottes entsprechende Gestaltung dieser Welt gesichert wäre und christlicher Glaube die weitere Entwicklung sich selbst überlassen könnte. Tatsächlich sieht er sich geradezu genötigt, auch hier seine genuinen Impulse immer neu einzubringen, seine kritischen Maßstäbe geltend zu machen und dahin zu wirken, daß das Ganze seine Bestimmung nicht verfehlt. Darin zeigt sich ein wesentliches Moment neuzeitlichen Christentums, hier liegt der Schwerpunkt seiner - auch von andern erwarteten konkreten Moral. Unter dieser Voraussetzung aber gestaltet sich das Zuordnungsverhältnis von christlichem Glauben und konkreter Moral umfassender als je zuvor. Bleibendes Formprinzip seines Moralverständnisses ist hierbei die aus der christlichen Gotteserfahrung erwachsende Gesinnung der Liebe, die sich im Medium einer Vielzahl entsprechender, von der jeweiligen Situation her geforderter Tugenden verwirklicht. Doch sie greift nun noch darüber hinaus. Das Zuordnungsverständnis von christlichem Glauben und christlicher Handlungspraxis hat in der Neuzeit in einem entscheidenden Punkte eine Vertiefung und Verdichtung erfahren, nämlich in der Ausweitung der diesen Glauben treibenden, am Menschen ausgerichteten Frage auf die Gestalt der gesellschaftlichen Strukturen. Sie zielt nicht mehr nur auf Veränderung und Humanisierung von Haltungen, sondern ebenso auch auf die Veränderung und Humanisierung von Zuständen und Strukturen, und zwar bis in *politische* und *ökonomische* Ordnungen hinein.

Eben darin manifestiert sich das neue, umfassendere Verständnis der Zuordnung von christlichem Glauben und konkreter Moral. Christlicher Glaube muß seine Relevanz und Fruchtbarkeit auch an der Gestaltung der Strukturen des Allgemeinmenschlichen erweisen, damit sie eine Dynamik zum Menschen erkennen lassen und ihm als Person gerecht werden, dann erledigt sich das Problem der Kommunikabilität von christlichem Anspruch und mundaner, rational begründeter Moral von selbst. Dabei wird man freilich in Rechnung stellen müssen, daß damit bestimmte, nur mehr als christlich behauptete Positionen nicht vereinbar sind, nämlich *fundamentalistische*, für die nicht Einsicht, sondern Gehorsam der Ausgangspunkt sittlicher Zustimmung ist, und *schwärmerische*, die die Komplexität der menschlichen Lebenswelt und ihrer Bedingungszusammenhänge überspielen. Solche Positionen tragen zur Verwirklichung human lebbarer Ordnungen nichts bei, sie stehen ihnen vielmehr entgegen. Insofern erweist sich Kommunikabilität zugleich auch als Prüfstand der Christlichkeit eines Anspruchs: "An ihren Früchten sollt ihr sie erkennen" (Mt 7,16).

Je mehr nun aber dieser neuzeitliche Zugang zu einer sich aus christlichen Prämissen ergebenden konkreten Moral, wie ich ihn hier in seinen wesentlichen Linien herauszuarbeiten suchte, für uns heute an Überzeugungskraft gewinnt, um so nachhaltiger wirft dies zugleich eine doppelte Frage auf, nämlich: Erstens, wie sich das Zuordnungsverhältnis von christlichem Glauben und konkreter Moral unter *vorneuzeitlichen* Voraussetzungen für den Christen darstellt und zweitens, wo die entscheidenden Weichenstellungen liegen, über die der Weg zu diesem neuzeitlichen Verständnis geführt hat? Wenden wir uns zunächst dem ersten Teil unserer Frage zu.

In welcher Weise konnte konkrete Moral unter vorneuzeitlichen Prämissen als spezifisch christliche Moral gelebt werden und sich geltend machen? Die Antwort ist eindeutig: in der Weise allgemeiner Tugenden, die aus der Liebe ihre - spezifisch christliche - Ausrichtung und Form empfingen. Darin haben Christen von Anfang an ihre ganze moralische Kreativität entfaltet und auf diese Weise maßgeblich zur Humanisierung der menschlichen Beziehungen in den gegebenen Ordnungsstrukturen beigetragen. Das bedeutet jedoch nicht, daß dies auch schon zu fundamentalen Veränderungen der Strukturen selbst geführt hätte. Diese blieben vielmehr weithin unangefochten und als natur- bzw. gottgegeben in Geltung. Dies zeigt sich beispielsweise an der Struktur der Ehe mit der dort festgeschriebenen Vorrangstellung des Mannes. So sehr auch für die konkrete Gestaltung der Beziehung von Mann und Frau gleichzeitig das Moment der Agape in den Vordergrund gerückt wird, bleibt doch das Verhältnis selbst - jedenfalls soweit man sich hierfür auf die Didaskalia der Apostel beruft - als ein solches der Über- und Unterordnung bestimmt. Die Gleichberechtigungsfrage ist in Wahrheit erst ein Thema des 20. Jahrhunderts.

Ähnliches gilt im Bezug auf die strukturelle Behandlung der Sklavenfrage. Dies tritt deutlich in jenem Lehrstück des Neuen Testaments hervor, das dem Verhältnis von Herrn und Sklaven gewidmet ist, dem Philemon-Brief. In Christus werden beide - Philemon und der Sklave Onesimus - einander zum Bruder. Die Liebe des gemeinsamen Herrn stellt das Verhältnis auf eine völlig neue moralische Grundlage. Was sich hier eröffnet, war ein ganz neues Leben, in welchem sich der eine durch den anderen bejaht und angenommen wußte. Christliches Daseinsverständnis vermochte aus der in ihm freigesetzten Kraft der Liebe dem sozialen Miteinander in der Tat eine völlig neue Dimension einzustiften und darin die Härte der Struktur entscheidend zu mildern. Dennoch, die Institution der Sklaverei selbst war damit nicht abgeschafft. Als sozialstrukturelle Einrichtung konnte sie sich, auch innerhalb der christlichen Welt, in Teilen noch bis ins 19. Jahrhundert unangefochten behaupten. Man braucht nur an den amerikanischen Sezessionskrieg zu erinnern, der sich an dieser Frage entzündet hat. Selbst das kirchliche Lehramt äußerte sich hinsichtlich der Institution der Sklaverei noch 1866 tolerant. Erst unter Leo XIII. kam es zu einer Korrektur.[4]

Auf diesem Hintergrund muß die gesamte Behandlung struktureller Probleme gesehen werden. Das gilt dann auch für die Applikation entsprechend generell gefaßter theologisch-ethischer Begründungen wie in Gal 3,28: "Da ist nicht mehr Jude noch Grieche, nicht mehr Sklave noch Freier, nicht mehr Mann noch Frau, denn ihr alle seid einer in Christus Jesus." Auch diese Begründung ist nicht auf strukturethische, sondern auf *tugendethische* Forderungen abgestellt. Vorneuzeitliche Ethik ist wesentlich Tugendethik, auch in ihren christlichen Ausprägungen. Dies belegen im übrigen die großen *systematischen* Ethiken, von der klassischen Antike bis zum Mittelalter. Noch Thomas sucht, wie er im Prolog zum zweiten ethischen Teil seiner Summa ausdrücklich hervorhebt, "den ganzen Bereich des Sittlichen" aus der Analyse der Tugenden zu erschließen, in der Überzeugung, daß auf diese Weise "nichts vom Moralischen übergangen werde".[5] Was sich hingegen unter diesem generellen Anspruch einer

---

4 Vgl. Collectanea S. Congregationi de Propaganda Fide, Rom 1893, 827-832.

5 Th. v. Aquin, Summa Theologiae II-II, prologus.

Tugendmoral sozialethisch sehr wohl nahelegte, war die dezidierte Entfaltung von Standesethiken, um so ein strukturgerechtes Handeln durch Ausbildung entsprechender Tugenden im Rahmen der vorgezeichneten sozialen Positionen und Funktionen sicherzustellen. Die Gesellschaft suchte ihre humane Form aus den sich rollenspezifisch ausdifferenzierenden, nunmehr christlich begründeten Tugenden ihrer Mitglieder zu gewinnen. Es war die Zeit der Fürsten- und Papstspiegel, der Ordensregeln und der Standesmoralen. Grundsätzliche Strukturveränderungen implizierte dies jedoch gerade nicht.

Dennoch blieb das so gefaßte Strukturproblem eine zunehmende christliche Herausforderung. Auch unverfügbare normative Gestaltungen bedürfen der Auslegung, wenn sie der unmittelbaren Situation zuordenbar und damit human angemessen und gerecht sein sollen. "Der Sabbat ist des Menschen wegen da und nicht der Mensch des Sabbats wegen" (Mt 2,27).

In diesem Kontext gewinnen die aus dem ethisch-rechtlichen Denken übernommenen Begriffe der Epikie, der Circumstantiae und des Minus Malum Schlüsselbedeutung und eröffnen so den Weg zur Entfaltung einer dezidierten Kasuistik. Von daher kommt der traditionellen, am individuellen Fall orientierten Kasuistik also eine durchaus humanisierende Funktion zu, indem sie den unbedingten Anspruch der Strukturen und der mit ihnen gegebenen Normen in ihre konkreten Bedingtheiten hinein vermittelt. Aber all dies berührt damit noch nicht die Frage der Gültigkeit der Strukturen selbst.

Demgegenüber hat die vorneuzeitliche christliche Tradition in der Strukturfrage nur in einem Punkt grundlegende Korrekturen vorzunehmen versucht und hier sogar für eine ganze Epoche gewisse veränderte sozial-strukturelle Sichtweisen durchgesetzt, nämlich mit der Unterscheidung von vita activa und vita contemplativa und der daraus abgeleiteten Bestimmung eines status perfectionis, eines Standes der Vollkommenheit als der höheren Lebensform. Durch das biblische Menschen- und Weltverständnis vorgegeben war eine solche Entwicklung freilich so unmittelbar nicht. Zwar stellt die Bibel schon in Gen 1 die Differenz von Tätigkeit und Ruhe, von Arbeit und Gebet heraus, um letztere als Signum der Erfüllung zu betonen. Vorgezeichnet im alttestamentlichen Sabbatgebot (Einmünden aller Schöpfungsarbeit in die Sabbatruhe Gottes) und christlich verbindlich gesetzt im Gebot der Heiligung des Sonntags (als den Tag der Auferstehung Christi, den Beginn der Vollendung und Neuschöpfung der Welt in der Herrlichkeit Gottes) empfängt die "Ruhe", hier als Lebensvollzug der ungestörten Hinwendung zu Gott verstanden, in Komplementarität zum Lebensvollzug der Arbeit eine eigene Bedeutung und Maßgeblichkeit. Dennoch bleiben beide wesenhaft aufeinander bezogen.

In gewisser Weise ändert sich dies erst mit der Entwicklung des frühen Mönchtums, das in rigoroser Abkehr von der Welt den eschatologischen Charakter der christlichen Botschaft durch eine eigene, dominant kontemplative Lebensform zu bezeugen und zu realisieren sucht. Der Impetus christlicher Liebe verbindet sich mit einer tiefen Weltverachtung. Vollkommene Nachfolge kann nur in Armut, geschlechtlicher Enthaltsamkeit und Gehorsam geschehen. Der Weg zum Heil ist zugleich ein Weg der Loslösung, des Verzichts, der Selbstüberwindung. Die sicherste Gewähr, die Seligkeit zu erlangen, liegt in der Ausgestaltung und Einübung einer Moral, die den Blick ganz auf die ewigen Dinge gerichtet sein läßt. Von daher drohte jetzt freilich auch die ursprüngliche Tätigkeit des Menschen in der Welt, der Lebensvollzug der Arbeit, als etwas Minderes bewertet zu werden. Diese Gefahr hat im übrigen als erster Benedikt von Nursia erkannt. Mit seiner

Doppelforderung des ora et labora knüpft er an die anthropologischen Grundaussagen der Bibel an und setzt sie auch für den Mönch verbindlich.

Dennoch läßt sich nicht leugnen, daß mit der vorrangig kontemplativ ausgerichteten und von Weltdistanz geprägten mönchischen Lebensform ethische Maßstäbe gesetzt waren, denen man Vorzugswürdigkeit zuerkannte. Tatsächlich sind die Vorstellungen von christlicher Heiligkeit seither durch solche Maßstäbe wesentlich mitbestimmt. Allerdings wird man fragen müssen, wieweit hier nicht auch starke außerbiblische Einflüsse, vor allem des spätantiken Neuplatonismus, hineingewirkt haben, die den Weg zu einem konstruktiven Weltverhältnis, das sich vom biblischen Schöpfungsgedanken her im Prinzip nahelegt, einmal mehr verstellten. Am deutlichsten zeigt sich dies vielleicht bei Augustinus, dem wirkmächtigsten aller Kirchenväter. Sein Fragen läßt letztlich nur eine Zielrichtung zu, in der der Mensch Genüge finden kann und an der zugleich alles Weltverhältnis in seiner Eigenbedeutung zerschellt, die Frage nach dem lebendigen Gott. "Deum et animam scire cupio. Nihilne plus? Nihil omnino!"[6]

Hierbei gewinnt für Augustinus zur Bestimmung eines ethisch gerechtfertigten Umgangs mit der Welt und ihren Gutem die Unterscheidung von Gebrauchen und Genießen, von uti und frui zentrale Bedeutung: "Er sieht den Grundcharakter der Welt in ihrer utilitas als Instrumentalität ad salutem, während erfüllter und erfüllender Seinsbezug nur in der auf Gott gerichteten fruitio erwartet werden darf".[7] Auch Welterkenntnis bleibt unter dieser Voraussetzung marginalisiert. Was nicht offen zutage liegt, verdient kein weiteres Interesse. Erkenntnis der wahren Bestimmung der Natur verpflichtet geradezu zur Enthaltsamkeit in der Er-

---

6 Augustinus, Soliloquia 1,2,7.

7 H. Blumenberg, Der Prozeß der theoretischen Neugier, Frankfurt a.M. 1966, 107.

forschung der tatsächlichen Natur. Alles andere ist Laster, curiositas, Neugierspiel der Vernunft, die sich im Aufdecken von Entlegenem, Abkünftigem, Nutzlosem befriedigt, von dem, was "praeter nos" liegt, und die eben darin ihre eigentliche Bestimmung vergißt.[8] Gotteserkenntnis wird hier ohne jede weitere Differenzierung gegen Welterkenntnis ausgespielt.

All dies hat gewiß zur Durchsetzung der Idee zweier gestufter christlicher Lebensformen zusätzlich beigetragen. Selbst Thomas verfolgt mit seinem Rückgriff auf die aristotelische Unterscheidung von bios politikos und bios theoretikos noch dieselbe Intention, nämlich die moralische Überlegenheit und Höherrangigkeit der vita contemplativa gegenüber der vita activa aufzuweisen. Genau dies aber läßt sich von dem eben genannten biblischen Grundansatz der Komplementarität her gerade nicht rechtfertigen. Das darin ausgesagte Zuordnungsverhältnis der beiden fundamentalen Lebensvollzüge darf auch dort nicht, wo sie sich zu eigenen Lebens- und Tätigkeitsformen stilisieren, in ein moralisches Rangordnungsverhältnis um interpretiert werden. Den moralischen Rang einer Lebensform bestimmt die Intention der Liebe, nicht aber die Struktur ihrer durch die Umstände auferlegten oder auch selbst gewählten Bedingungen, unter denen sie sich realisiert. Das eine mag im gegebenen Fall der Kraft zur Liebe förderlicher sein als das andere, sich für die Liebe selbst ausgeben kann es aber nicht. Deshalb ist es abwegig, die beiden Lebensformen gegeneinander auszuspielen und die eine als moralisch höherwertig und die andere als moralisch geringer einzustufen. Wo dies dennoch geschieht, müßte man in der Tat Luther recht geben, wenn er den sich zu seiner Zeit weithin so verstehenden Mönchsstand als einen Stand wider den

---

8 Augustinus, Confessiones X, 35.

"göttlichen Willen" grundsätzlich ablehnt.[9] Insofern zielt das Antimönchsethos Luthers also durchaus auf eine christliche Flurbereinigung. Mit ihm macht Luther deutlich, daß das Leben in der Welt und auf die Welt hin die Heilschancen des Menschen nicht mindert, sondern daß sich sein Heil eben dort ereignet und vollzieht. Hier ist eine Position markiert, die die Stellung des Menschen in der Welt gleichsam christlich zurechtzurücken sucht. Sie gibt dem instrumentellen Umgang des Menschen mit Welt einen theologisch gerechtfertigten Raum. Wenn wir nach Weichenstellungen suchen - und damit bin ich bereits mitten im zweiten Teil meiner Frage -, über die sich das neuzeitliche Verständnis der Zuordnung von christlichem Glauben und konkreter Moral anzubahnen vermochte, so ist dies *eine*, und zwar eine geschichtlich außerordentlich bedeutsame.

Dennoch fällt auf, daß Luther sein konstruktives Weltverhältnis nicht genuin schöpfungstheologisch gewinnt, sondern auf dem Rücken seines antimönchischen Affekts. Ausgangspunkt ist bemerkenswerterweise nicht der Mensch als imago dei, sondern seine Fundamentalkritik an einer Lebensform, die dem Menschen die Freiheit zu nehmen droht, indem sie ihn in den Spanndienst verrechtlichter evangelischer Räte zwingt. Zentralpunkt der Theologie Luthers ist bekanntlich die Kritik an jeglicher Form menschlicher Werkgerechtigkeit, wie sie für ihn am Selbstverständnis des Mönchtums seiner Zeit besonders drastisch hervortritt. Für sein Heil sieht sich der Mensch demgegenüber ganz auf die rechtfertigende Kraft des Glaubens an Gottes Liebe in Christus gestellt. Zwischen Glaube und weltbezogenem Tun gibt es im Prinzip keine Brücke. Was immer der Mensch ins Werk setzt, überführt ihn vielmehr ständig seiner Heilsbe-

---

9 Vgl. WA 12,133,4ff.

dürftigkeit durch Gott. Das Heil geschieht zwar in der Welt, aber nicht mit ihr. Insofern bleibt jede Lebensform, jeder Beruf bis hin zur Ehe zugleich "ein weltlich Ding", Gabe des Schöpfergottes, aber doch der zerstörerischen Macht der Sünde unterworfen. Seine Gerechtigkeit empfängt der Mensch allein aus dem Glauben. In dieser Abgrenzung des Heilsgeschehens von jeglicher mundaner Struktur findet das weltkritische augustinische Erbe in der Theologie des Reformators seinen zeitgerechten Ausdruck.

Entscheidend bleibt freilich, daß mit diesem soteriologischen Ansatz die kontemplative Lebensform des Mönchs zugleich jede eigene theologische Rechtfertigungsgrundlage verliert. Mönchische Existenz hört auf, einen besonderen moralischen Rang beanspruchen zu können, und erscheint damit als christlicher Weg entbehrlich, ja überflüssig. Der rechtfertigende Glaube findet sein theologisch zureichendes Korrelat in dem gegebenen irdischen Beruf und den daraus erwachsenden Aufgaben, die Gott, kraft seines weltlichen Regiments, dem Menschen zugewiesen hat. Die vita activa der menschlichen Berufswelt wird so zur strukturellen Rahmenbedingung der vita christiana und empfängt daraus die ihr eigene, nunmehr auch theologisch legitimierte Dynamik. In dieser Form hat die lutherische Berufslehre und die darin implizierte Zuordnung von christlichem Glauben und konkreter Moral in die Neuzeit hineingewirkt und das Weltethos des Protestantismus wesentlich mitbestimmt.

Eine noch engere Verbindung von Glauben und vita activa finden wir dann aber bei Calvin. Ausgangspunkt ist hier nicht mehr die Kritik der mönchischen Lebensform, sondern die Lehre von der Erwählung. Es geht um die Frage der Prädestinationsvergewisserung. Die Erwählung des vom Heilswillen Gottes Erfaßten drängt nach äußerer Bewährung und Bekundung. Sicheres Zeichen hierfür ist der Berufseifer des Christen, seine innerweltliche Askese in der Form entsagungsvoller Hingabe an die Berufspflichten, aber auch der darin zutage tretende Erfolg. Es liegt auf der Hand, daß eine solche theologische Begründung auch auf die ökonomische Mentalität durchschlagen und sie zwangsläufig verstärken muß. Max Weber hat diese Zusammenhänge in seiner Arbeit über "Die protestantische Ethik und der Geist des Kapitalismus" dezidiert nachzuweisen versucht.[10] Die neue Religion mit ihrer Rechtfertigung des innerweltlichen Leistungswillens vermittelt der neuen ökonomischen Rationalität das gute Gewissen. Solche Zuordnungen gewinnen ihr eigenes Gewicht. Sie schaffen ein Ethos, das unternehmerische Aktivität zu mobilisieren vermag. Nun ist es sicher zutreffend, daß der Protestantismus, zumal in den vielfältigen Spielarten des Calvinismus, die Entwicklung der Kapitalwirtschaft in besonderer Weise begünstigt hat. Schon die Spanier drückten dies mit bitterer Resignation dahin aus: "Die Ketzerei befördert den Handelsgeist".[11] Dennoch läßt dies keine derart weitreichenden Schlußfolgerungen zu wie sie *Max Weber* zieht. Schon *Werner Sombart* wendet sich entschieden gegen die Vorstellung, die ökonomische Rationalität der Neuzeit sei erst aus dem Geist der Reformation erwachsen. Er sieht deren Ursprünge vielmehr in dem sich aus technisch verbesserten Voraussetzungen aufbauenden mittelalterlichen Fernhandel und der davon geprägten emanzipativen Struktur der mittelalterlichen Stadt, die dann in der Renaissance zu ihrer neuzeitlichen Form findet. Ihr vorzüglichster Re-

---

[10] M. Weber, Gesammelte Aufsätze zur Religionssoziologie Bd. 1, Tübingen 1920, 17-206.

[11] E. Gothein, Wirtschaftsgeschichte des Schwarzwaldes Bd. 1, Straßburg 1892, 674.

präsentant ist der Kaufmann. In ihm gewinnt das Prinzip einer rationalen Ökonomie erstmals Gestalt.[12]

So weist Sombart darauf hin, daß der mittelalterliche Kaufmann der erste ist, der exakt kalkuliert und für seine geschäftlichen Unternehmen eigene neue Rechnungsmethoden entwickelt. Die Geschichte des modernen Rechnungswesens hat hier ihren Ursprung. Sombart umgrenzt die Schöpfungsperiode der neuen Geschäftstechnik mit den Jahreszahlen 1202, dem Jahr des Erscheinens des Liber Abbaci von Leonardo Pisano, der darin die mathematische Grundlage für exakte kaufmännische Kalkulationen geschaffen hat, und 1494, dem Erscheinungsjahr der "Summa" des Luca Pacioli, der in seinem Werk die erste wissenschaftliche Darstellung der doppelten Buchführung bietet.[13] Insofern geht also die mit mathematischen Methoden operierende mittelalterliche "Geschäftswirtschaft" den mit mathematischen Methoden operierenden modernen Naturwissenschaften geschichtlich weit vorauf. Sombart gelangt von daher zu dem durchaus einleuchtenden Schluß: "Die moderne Naturwissenschaft selbst ist aus dem Hauptbuche geboren worden".[14]

All dies aber schloß auch hier einen religiösen Begründungszusammenhang keineswegs aus. Auf jeder ersten Seite von den mehr als 500 uns erhaltenen Geschäftsbüchern des Kaufmanns Francesco di Marco Datini aus Prato (1335-1410) steht als Motto: "Im Namen Gottes und des Geschäfts." Das war das Leitmotiv, und zwar ohne jeden Zynismus. Erst das *Werk*, nämlich das in Gott getane Werk, sichert Gewinn, im Diesseits wie im Jenseits. Am Ende steht die Bilanz,

---

12 W. Sombart, Der moderne Kapitalismus Bd. 1, Leipzig 1902, 378ff.

13 Ebd. 392f.

14 Ebd. 199.

hüben wie drüben.[15] Hier liegen also erste, nicht minder wichtige Weichenstellungen, die das für die Neuzeit bestimmend gewordene instrumentell produktive Weltverhältnis noch weit vor der Reformation in einer theologisch argumentierenden Weise auf den Weg gebracht haben, und dies sogar unter der weiteren theologischen Voraussetzung, die der Sozialstruktur der vita contemplativa, also der mönchischen Lebensform, den moralisch höheren Rang einräumt. Das rational ausgerichtete, instrumentelle Leistungsethos des neuzeitlichen Menschen ist keine exklusive Frucht des Protestantismus. Ja daß es nachträglich sogar zum integrierenden Bestandteil mönchischer Lebensform werden kann, sehen wir am Beispiel des bereits genuin neuzeitlichen Jesuitenordens, mit seiner Weltzugewandtheit, seiner Rationalität und seiner expansiven Kraft, und zwar hier im Kontext einer zugleich radikalisierten religiösen Gehorsamsmoral.

Im übrigen gilt parallel, was von der stimulierenden Wirkung der unterschiedlichen christlichen Glaubensüberzeugungen im Bezug auf die neuzeitliche Entfaltung der *instrumentellen* Vernunft gesagt wurde, auch im Bezug auf die Weiterentwicklung der *ethischen* Frage: die Ausarbeitung des moralischen Subjektstatus des Menschen, wie sie im Rahmen der westeuropäischen Freiheits- und Menschenrechtsentwicklung erfolgte. Normen sind des Menschen wegen da und nicht der Mensch der Normen wegen. Institutionen sind des Menschen wegen da und nicht der Mensch der Institutionen wegen. Soziale Ordnungen sind des Menschen wegen da und nicht der Mensch der sozialen Ordnungen wegen. Darin ist die neuzeitliche Ausweitung der ethischen Frage grundgelegt. Der ethische Anspruch kann in der Auslegung der Strukturen

---

[15] Hierzu I. Origo, "Im Namen Gottes und des Geschäfts". Lebensbild eines toskanischen Kaufmanns der Frührenaissance, München 1985.

verfehlt werden. Gut und böse kann nicht nur menschliches Handeln sein, sondern auch das, was dieses Handeln als Gut und Böse normiert. Von daher gilt: es gibt nicht nur eine Gehorsamsverantwortung des Menschen *vor* Normen, sondern auch eine Gestaltungsverantwortung *für* sie. Das Recht, mitsamt der dieses Recht tragenden gesellschaftlichen Moral, muß endlich dort ankommen, wo die Liebe schon ist, nämlich beim Menschen als Person. Genau darauf zielt die neuzeitliche Entwicklung mit ihren am Menschenrechtsgedanken ausgerichteten gesellschaftlichen Gestaltungen.

Auch dieser Prozeß entspricht nicht nur dem *Geist* des Christentums, er ist auch wesentlich von christlichen Vorkämpfern - katholischen wie protestantischen - auf den Weg gebracht worden. Erinnert sei in diesem Zusammenhang nur an den Beitrag der spanischen Spätscholastik des sog. Goldenen Zeitalters mit ihrer Herausarbeitung von Menschenrechten als *sozialen Anspruchsrechten* (Bartolomé de Las Casas, Francisco de Vitoria) oder etwa an die Bedeutung, die dem reformatorischen Kampf um Anerkennung des status confessionis für die späteren Forderungen nach Religions- und Gewissensfreiheit (Roger Williams) und damit für die Ausgestaltung von Menschenrechten als *individuellen Freiheitsrechten* zukommt. Auf eigene christliche Ursprünge und Urheber weisen aber auch die amerikanische "Virginian Bill of Rights" und die Menschenrechtserklärung der Französischen Revolution zurück, und zwar ungeachtet der Tatsache, daß die großen Kirchen von sich aus der Idee der Menschenrechte noch lange zurückhaltend, ja zum Teil sogar obstruktiv gegenüberstanden. Insofern wird man also Hegel, aufs Ganze betrachtet, durchaus nicht recht geben können, wenn er für die Öffnung zur Neuzeit einseitig das "protestantische Prinzip" zu reklamieren sucht: Das Prinzip "des freien Geistes", so heißt es in seinen Vorlesungen über die Philosophie der Weltgeschichte, "ist hier zum Panier der Welt gemacht, und aus diesem Prinzip entwickeln sich die allgemeinen Grundsätze der Vernunft".[16]

Die Wege, die zu unserem heutigen Verständnis von Religion und Ethos, von christlichem Glauben und konkreter Moral geführt haben, waren offensichtlich weitaus differenzierter und verschlungener, als daß sie sich auf einen Nenner bringen ließen. Und was wir da an bedeutsamen Weichenstellungen ausgemacht haben, erscheint in vielem für uns theologisch kaum mehr tragfähig. Das gilt für die mittelalterliche Statuslehre ebenso wie für die eigentümliche Werkfrömmigkeit des mittelalterlichen Menschen, die in manchem die Vorstellung assoziiert, als ob das Leben ein einziges großes Kontor wäre und am Jüngsten Tage Bilanz gezogen würde. Das gilt aber auch für die Berufslehre Luthers, die mit dessen Rechtfertigungsglauben nur schwer in Harmonie zu bringen ist und deshalb auch nicht ohne den Kontext seiner antimönchischen Grundoption plausibel erscheint. Und das gilt erst recht im Bezug auf Calvins Erwählungsgedanken, mit seinen weitgehenden Folgerungen für ein entsprechendes innerweltliches Leistungsethos. Dies alles hat für uns heute tatsächlich in vielem nur mehr historische Bedeutung.

Im Zentrum des theologisch-ethischen Ringens stehen inzwischen längst andere grundlegende und weiter reichende Fragen. Es geht um die Personenwürde des Menschen und ihre menschenrechtliche Absicherung. Das Recht muß endlich überall zu dem Punkt vordringen, wo die vom Glauben geleitete Liebe immer schon ist: zum Menschen als Person. Liebesgebot und Menschenrechte gehören zusammen. Ferner geht es um die theologische Einordnung und ethische Bewältigung des gewaltigen instrumentellen Potentials, das sich der neuzeitliche Mensch in der technisch-wissenschaftli-

---

16 Ed. G. Lasson, Phil.Bibl. Bd. 171,765.

chen Kultur geschaffen hat. Und in all dem geht es letztlich um die Herstellung einer zuvor nie erreichten, aber auch sozialstrukturell so nie möglich gewesenen Solidarität der Menschheit, wie dies der Intention des Evangeliums entspricht. Das sind die Fragen, die für die Zuordnung von Religion und Ethos, von christlichem Glauben und konkreter Moral heute bestimmend geworden sind.

Diese Perspektiven dürfen uns aber auch nicht blind machen für die defizitären Aspekte mancher überkommener Theologumena, deren Handlungskonsequenzen in bestimmten Bereichen bis heute fortwirken. So erscheint es z.B. überraschend, daß die friedliche Nutzung der Kernenergie, die man im katholischen Bereich, von wenigen Ausnahmen abgesehen, bedingt bejaht, seitens evangelischer Theologen und Kirchenleitungen mit überwältigender Mehrheit grundsätzlich abgelehnt wird. Es läßt sich denken, daß diese protestantische Option mit jenem Mißtrauen zusammenhängt, das evangelischer Glaube der Frage der Güter- und Übelabwägung von seinem anthropologischen Ansatz her generell entgegenbringt. Wenn man davon ausgeht, daß der Mensch als Bild Gottes durch die Sünde und ihre Folgen zutiefst versehrt ist, so wird man damit zwangsläufig auch die innerweltliche Notwendigkeit von Risiko- und Übelabschätzungen in Zusammenhang zu bringen suchen. Das Unausweichliche, unter den Bedingungen dieser Welt auf Kompromißlösungen verwiesen zu sein, wird selbst zum Zeichen dafür, daß diese Welt substantiell im argen liegt. Daß hingegen solche Abwägungsprozesse und der daraus resultierende Kompromiß zugleich etwas mit der unabhängig von der Sünde gegebenen *Kontingenzstruktur der Schöpfung* zu tun haben, wie dies katholische Theologie in Rechnung stellen würde, bleibt im Grunde unreflektiert. Nach evangelischem Verständnis bedeutet Kompromiß notwendig Teilhabe an dem

Schuldzusammenhang dieses Äons, Tribut, der an die gefallene Welt zu entrichten ist (Thielicke) und darin "uneigentliche", vergebungsbedürftige Vollzugsform christlicher Existenz (Bonhoeffer).[17] "Güterabwägung", so meint von daher *Günter Altner* sogar, "liegt unterhalb des Anspruchs der Ethik."[18]

Unter dieser Voraussetzung können dann aber im Prinzip beliebige Abwägungsprobleme - und hier bietet sich natürlich das Problem der friedlichen Nutzung der Kernenergie wegen der damit verbundenen spezifischen Risikostruktur besonders an - jederzeit zum Testfall des Christlichen erhoben werden, ohne daß man sich deshalb noch auf weitere Folgenabschätzungen einlassen müßte. Aus einem rational argumentierenden bedingten Ja oder Nein wird ein glaubensmäßig motiviertes apodiktisches Nein.

Doch lassen sich demgegenüber auch theologisch defizitäre Grundoptionen nennen, die einem bestimmten *katholischen* Kontext zuzuordnen sind und die gleich ein ganzes Kulturklima geprägt haben. Ich möchte hier nur auf folgendes Phänomen aufmerksam machen. Südlich der Grenzen der USA beginnt auf dem amerikanischen Kontinent die Welt der Entwicklungsländer, wenngleich doch das ganze Amerika, von Feuerland bis Alaska, durch Weiße, ihrer Herkunft nach also durch Europäer, seine kulturelle Form erhalten hat und von ihnen bis heute dominiert wird. Der von Spaniern und Portugiesen geprägte lateinamerikanische Teil - ähnliches gilt übrigens im asiatischen Raum für die Philippinen - ist jedoch faktisch immer noch in verheerender Weise unterentwickelt. Diesen

---

17 Zum Ganzen vgl. H. Ringeling, Die Notwendigkeit des ethischen Kompromisses: Kritik und theologische Begründung, in A. Hertz u.a. (Hg.), Handbuch der Christlichen Ethik Bd. 3, Freiburg i.Br. 1982, 93-116, bes. 99ff.

18 G. Altner, Überlebenskrise in der Gegenwart. Ansätze zum Dialog mit der Natur in Naturwissenschaft und Theologie, Darmstadt 1987, 175.

Tatbestand der Unterentwicklung aber, wie dies heute Mode geworden ist, allein mit Hilfe der Dependenciatheorie, einer Abwandlung der leninschen Imperialismustheorie, zu erklären, also auf die ökonomische Ausbeutung durch die Industrienationen zurückzuführen, hieße doch wohl, die mögliche Wirkung - so sie zutrifft - mit den Ursachen zu verwechseln. Entwicklungsfähigkeit ist nicht zuletzt eine Frage der Mentalität, und zwar gerade auch der religiösen, wie dies Max Weber am Beispiel des Calvinismus eindrucksvoll gezeigt hat. So bleibt zu fragen, wieweit hier nicht der Einfluß bestimmter theologisch-ethischer Traditionselemente eines von Grund auf iberisch geprägten Katholizismus den entscheidenden Schritt in die Neuzeit aufgehalten hat.

Der Einheit von Schwert und Kreuz, wie sie einmal der Conquista als leitende Idee geschichtlich zugrunde lag, korrespondiert eine Mystik der Unterwerfung und Leidensbereitschaft. Welteroberung drängt hier nicht auf Weltveränderung, sondern auf Subordination und damit auf Herstellung ökonomischer und sozialer Immobilität. Nur so erklärt sich dann auch das plötzliche Entstehen völlig neuer theologischer Konzeptionen unter dem Stichwort "Theologie der Befreiung", mit denen man heute, angesichts der exorbitanten Verelendung großer Bevölkerungsmassen, die Zuordnung von christlichem Glauben und konkreter Moral in einer für lateinamerikanische Verhältnisse neuen Weise anzusprechen und zu mobilisieren sucht. Doch selbst diese Theologie hält in manchen ihrer Ausprägungen der Prüfung nicht stand. Dort wo sie einseitig heilsgeschichtlich ausgerichtet bleibt, koppelt sie sich letztlich von elementaren, schöpfungsmäßig gegebenen Grundlagen ab, ohne deren Einbeziehung es nicht möglich ist, die Fülle der andrängenden, vor allem strukturellen Probleme sachgerecht zu lösen. Die marxistische Geschichtsanalyse mit ihren Krisentheorien, auf die dann einige Theologen in diesem Zusammenhang rekurrieren, bietet hierfür gewiß keinen Ersatz.

All dies sind zu überwindende Positionen. Wo immer fundamentale Bedingungszusammenhänge menschlichen Seins und Seinkönnens theologisch verzeichnet oder überspielt werden, führt dies zwangsläufig zu einer defizitären ethischen Sichtweise. Schöpfungsordnung und Heilsordnung sind keine getrennten Größen. Das Zuordnungsverständnis von christlichem Glauben und konkreter Moral erweist sich im Grunde als eine Frage der theologischen Anthropologie: Die Gnade setzt die Natur voraus und vollendet sie. Nicht ohne Grund rekurrieren wir in unserem gegenwärtigen theologischen Denken so entschieden auf Thomas, der letztlich jegliche Entfaltung des Sittlichen auf die schöpfungsgemäße Bestimmung des Menschen als Bild Gottes zurückbezieht. Das affirmative Gottesverständnis, das sich christlichem Glauben eröffnet und in dem alle übereinkommen, fordert notwendig auch ein affirmatives Verhältnis zur Welt, ihrer Geschichte und Zukunft. Die Welt hängt nicht im Leeren. Sie hat Gott im Rücken und vor sich. Wir arbeiten nicht im Nichts.

Helmut Lecheler

Menschenwürde und Menschenrechte im modernen Verfassungsstaat

Was ist der Mensch? Was gibt ihm seine Würde? Und was folgt daraus im modernen Verfassungsstaat
- für den Staat?
- für den Menschen?

Hier könnten wir unmittelbar anschließen an den zweiten Teil des heutigen Vormittags und an die Bemerkung von Herrn Korff, das Recht müsse endlich dort ankommen, wo die Liebe schon ist, beim Menschen als Person. Denn erst die Liebe erkenne den Menschen in seiner Personheit. Das ist wohl richtig, und es ist zu fragen, ob das Recht dieses Ziel wirklich je wird erreichen können.

Mit unserem Thema werden zwei große Geheimnisse miteinander verknüpft - das Geheimnis des Menschen, seiner Würde mit dem Geheimnis vom Wesen des Rechts.

Wenn ich eine möglichst rationale Antwort auf die Frage versuche, was aus dieser Verknüpfung im modernen Verfassungsstaat wird oder geworden ist, so spreche ich hier als ein Vertreter der gegenwärtigen Staatsrechtslehre. Ich habe *nicht* vor, das Thema historisch anzugehen und über die Geschichte des modernen Verfassungsstaates hin zu verfolgen.[1]

---

[1] Vgl. dazu Nachweise bei H. Hofmann, Zur Herkunft der Menschenrechtserklärungen, in: Juristische Schulung (1988) 841ff; E.-W. Böckenförde - R. Spaemann (Hg.), Menschenrechte und Menschenwürde, Stuttgart 1987; M. Gauchet, Die Erklärung der Menschenrechte. (La Révolution des droits de l'homme). Die Debatte um die bürgerlichen Freiheiten 1789, Reinbek b. Hamburg 1991; R. Schnur (Hg.), Zur Geschichte der Erklärung der Menschenrechte, ²1974.

Ich habe auch nicht vor, auf das Verhältnis der beiden großen Kirchen zu den Menschenrechten einzugehen.[2]

Den "modernen Verfassungsstaat" möchte ich also weniger rückgewendet als vielmehr entwicklungsoffen in die europäische Zukunft hinein verstehen.

Der im positiven Recht arbeitende Jurist wird zunächst bei den positiven Verbürgungen der Menschenwürde in den modernen Staatsverfassungen ansetzen.

I. Die Menschenwürdeklauseln der modernen Verfassungsstaaten

1. "Die Würde des Menschen ist unantastbar. Sie zu achten und zu schützen ist Verpflichtung aller staatlichen Gewalt".

So lautet programmatisch Art. 1 Abs. 1 des Bonner Grundgesetzes, und die sog. "Ewigkeitsgarantie" des Art. 79 Abs. 3 bestimmt, daß eine Änderung dieses Grundgesetzes, durch welche die in dem Art. 1 niedergelegten Grundsätze berührt werden, unzulässig ist.

2. *Anders* als Art. 16 Abs. 1 GG (Asylgrundrecht) ist die Menschenwürdeklausel *keine* Besonderheit unseres Grundgesetzes, sondern "ein heute zentrales, typisches Thema vieler verfassungsstaatlicher Verfassungen in

---

[2] Vgl. dazu J. Isensee, Keine Freiheit für den Irrtum. Die Kritik der Katholischen Kirche des 19. Jahrhunderts an den Menschenrechten als staatsphilosophisches Paradigma, in: Zeitschrift der Savigny-Stiftung für Rechtsgeschichte, Kanonistische Abteilung (1987) 296ff; M. Heckel, Die Menschenrechte im Spiegel der reformatorischen Theologie, Heidelberg 1987; weitere Nachweise sind zu entnehmen der Besprechung von H. J. Türk, Christentum und Menschenrechte, in: Die Neue Ordnung 46 (1992) 154.

der Familie der Völker, wie ein Textvergleich zeigt".[3] Eine Vielzahl neuer europäischer Verfassungen hat die Verankerung der Menschenwürde als Grundlage jeder Gemeinschaftsordnung oder als Grundaussage des gesamten Grundrechtskatalogs aufgegriffen.

Im historischen Rückblick haben zwar die Bill of Rights von 1776 und die französische Menschenrechtserklärung von 1789 noch nichts über die Menschenwürde ausgesagt; die verfassunggebende Nationalversammlung in der Frankfurter Paulskirche gehört verfassungsgeschichtlich zu den frühen Texten. Sie hatte sich mit einem, die Menschenwürde grundsätzlich verbürgenden Artikel-Entwurf auseinanderzusetzen,[4] der allerdings nicht in die beschlossene Fassung einging.

Entscheidend für die Verankerung der Menschenwürde in den modernen Verfassungen wurden aber nicht die historischen Vorläufer in der Weimarer Reichsverfassung, sondern die Kriegserfahrungen an ihrem Ende. Die Menschenverachtung, die sich im Zweiten Weltkrieg an allen Fronten zeigte, hat das Bewußtsein für die Notwendigkeit eines Verfassungsschutzes der Menschenwürde drastisch geschärft.

Dieses Bewußtsein schlug sich zunächst nieder in internationalen Rechtstexten: Nr. 2 der Präambel der UN-Charta vom 26.6.1945 appelliert an den "Glauben an grundlegende Menschenrechte, an die Würde und an den Wert der menschlichen Persönlichkeit". Ähnlich formuliert auch die Präambel und Art. 1 der Allgemeinen Erklärung der Menschenrechte. Auch wenn diese universelle Erklärung kein rechtlich verpflichtender Völkerrechtssatz war, so darf ihre Wirkung für den völkerrechtlichen Rechtsbildungsprozeß nicht unter-

---

3 P. Häberle, Die Menschenwürde als Grundlage der staatlichen Gemeinschaft, in: J. Isensee - P. Kirchhof (Hg.), Handbuch des Staatsrechts Bd. I, Heidelberg 1987, § 20, 815ff, hier: 816.

4 K. Stern, Das Staatsrecht der Bundesrepublik Deutschland Bd. III/1, München 1984, 15.

schätzt werden. Sie hat das Streben um die Durchsetzung von Menschenwürde und Menschenrechten niemals ruhen lassen.

Diese internationalen Rechtstexte haben in Deutschland die Landesverfassungen in Bayern (Art. 100), in Hessen (Art. 3, 27), in Bremen (Art. 5 Abs. 1), in Rheinland-Pfalz (Vorspruch) und im Saarland (Art. 1) beeinflußt, wenn diese es den staatlichen Gewalten der Gesetzgebung, Verwaltung und Rechtspflege ausdrücklich aufgegeben haben, die Würde der menschlichen Persönlichkeit zu achten.

An diese Vorschriften knüpfte der Herrenchiemseer Konvent an, als er in Art. 1 vorschlug:

> "Der Staat ist um des Menschen willen da, nicht der Mensch um des Staates willen.
> Die Würde der menschlichen Persönlichkeit ist unantastbar. Die öffentliche Gewalt ist in allen ihren Erscheinungsformen verpflichtet, die Menschenwürde zu achten und zu schützen".

Ernsthafte Auseinandersetzungen gab es damals nur über die Frage der Fundierung der Menschenrechte, nicht über den Entschluß, den Schutz der Menschenwürde in die Verfassung aufzunehmen und an ihre Spitze zu stellen. Menschenwürde und Menschenrechte sollten also als das Fundament der Verfassungsordnung verankert und nach den Erfahrungen der vorangehenden Zeit besonders gesichert werden.

II. Das Würdekonzept

So prägnant die Menschenwürdeklauseln sprachlich erscheinen, so schwierig ist ihre Auslegung im einzelnen. Sie führt in das Zentrum der Kontroversen um die

Methoden der Verfassungsinterpretation und des Staatsverständnisses.[5]

1. Als Verfassungsbegriff hat die "Würde des Menschen" eine relativ junge Tradition. Wegen der weitgefächerten philosophischen und theologischen Tradition des Begriffs macht eine klare Bestimmung des Gewährleistungsinhalts der "Würdenorm" nach wie vor Schwierigkeiten. Ohne Rückgriff auf ihre Begründung ist sie eigentlich nicht möglich - und diese Begründungen sind bekanntlich höchst unterschiedlich,[6] von der imago-dei-Lehre[7] bis hin zur Vorstellung der Emanzipation des autonomen Menschen von einem Schöpfergott.

Aus theologischer Sicht erhält *jedes* menschliche Leben einen eigenen Wert und Sinn, "indem Gott es schafft, ruft, achtet und liebt; der Mensch hat eine unverlierbare Würde, weil Gott ihn berufen hat, sein Gegenüber zu sein, und ihn in Jesus Christus unbedingt angenommen hat; ungeborene Kinder sind dabei mitgemeint. Gottes Annahme des ungeborenen menschlichen Lebens verleiht ihm menschliche Würde. Daraus folgt übrigens die Verpflichtung, daß die Menschen das ungeborene menschliche Leben annehmen und ihm den Schutz gewähren sollen, der der menschlichen Person gebührt".[8]

---

5 P. Häberle, Menschenwürde und Verfasssung am Beispiel von Art. 2 Abs. 1 Verfassung Griechenland, 1975, in: Rechtstheorie 11 (1980) 389 u. 390.

6 Vgl. dazu die vorzüglichen Beiträge in P.P. Müller-Schmid (Hg.), Begründung der Menschenrechte. Beiheft Nr. 26 zum Archiv für Rechts- und Sozialphilosophie, Stuttgart 1986.

7 Vertieft dazu Kardinal Höffner, Die Würde des Menschen als höchster Wert, in: W. Leisner (Hg.), Staatsethik, Köln 1977, 19ff.

8 A. Laufs, Fortpflanzungsmedizin und Arztrecht (=Soziale Orientierung Bd. 7), Berlin 1992, 58.

Dem stehen gegenüber Begründungen, die die Würde des Menschen gerade daraus ableiten, daß er sich aus der Abhängigkeit von den Kirchen befreit habe und daß er sich autonom, sich selbst genügend begreife.

Wie soll der Verfassungsjurist diese Kluft überwinden? Denn die Interpretation des Art. 1 Abs. 1 GG darf der Verfassung nicht kurzerhand einen der vorgefundenen theologischen oder philosophischen Würdebegriffe unterlegen. Vielmehr ist der spezifische Sinn des verfassungsrechtlichen Würdebegriffs nach den Regeln der juristischen Auslegung zu erschließen, für welche die überkommenen Würdebegriffe zwar richtunggebende Hinweise, aber weder präzise noch allein ausschlaggebende Kriterien liefern.[9]

2. Die konkreteste und wohl auch überzeugendste Inhaltsbestimmung in der Rechtsprechung hat der Bayerische Verfassungsgerichtshof in seinen frühen Entscheidungen gegeben, bevor er in seiner Entscheidungsfreudigkeit und geistigen Selbstständigkeit durch bundesrechtlichen Einfluß überlagert und gebrochen worden ist. Würde des Menschen soll danach "der innere und zugleich soziale Wert- und Achtungsanspruch" sein, der dem Menschen deshalb zukomme, weil er Träger höchster sittlich-geistiger Werte sei.[10]

Primär ist es also der Einzelmensch, nicht das gemeinschaftsbezogene Wesen; um seine ureigenste Würde geht es; diese Würde kommt nicht aus dem Materiellen, sie liegt im Sittlichen und Geistigen.

Spätere Formulierungen in der Literatur und auch in der Rechtsprechung des Bundesverfassungsgerichts stellen demgegenüber eher eine Verflachung dar. Dies gilt insbesondere für die immer wiederkehrenden Sätze

---

9 R. Zippelius, Bonner Kommentar (Zweitbearb.), Rnr. zu Art. 1

10 VerfGHE 1, 29/32; vgl. dazu auch W. Leisner, Die bayerischen Grundrechte, Wiesbaden-Dotzheim 1968, 35.

des Bundesverfassungsgerichts, der Würdegarantie liege die Vorstellung vom Menschen als einem geistig-sittlichen Wesen zugrunde, das darauf angelegt sei, in Freiheit sich selbst zu bestimmen und zu entfalten. Diese Freiheit verstehe das Grundgesetz nicht als diejenige eines isolierten und selbstherrlichen, sondern als die eines gemeinschaftsbezogenen und gemeinschaftsgebundenen Individuums.[11]

Diese Unschärfe des Menschenwürdebegriffs als Rechtsbegriff bringt zwangsläufig die Möglichkeit mit sich, daß bei seiner Auslegung verschiedene Auffassungen miteinander konkurrieren, die nicht ohne weiteres mit überzeugenden Gründen der juristischen Logik zu widerlegen sind.

Das führt zu Versuchen, die Menschenwürde *eng* zu interpretieren, sie auf ihren Kern hin zu reduzieren. Denn: Je *weiter* der Menschenwürdebegriff verstanden wird, desto unvermeidlicher wird er hineingezogen in das alte Problem der Wandelbarkeit des Rechts, auch des Verfassungsrechts, desto stärker unterwirft man die "unantastbare" Menschenwürdegarantie einem fortlaufenden Sinnwandel.

Beispielhaft für diese Gefahr ist eine Entscheidung des Hessischen Staatsgerichtshofs, in der er sich auf den Standpunkt stellte, "die Interpretation des Würdebegriffs mache eine Analyse der herrschenden rechtsethischen Vorstellungen erforderlich"; denn maßgeblich seien nicht nur diejenigen Vorstellungen, die bei der Schaffung der Verfassung obwalteten, sondern es seien auch "die inzwischen eingetretenen Konkretisierungen, Differenzierungen und Wandlungen dieser Vorstellungen zu berücksichtigen".[12]

Mit einem derartigen entwicklungsoffenen, dynamischen Würdekonzept hat das Gericht sich jedenfalls

---

11 BVerfGE 45, 187; 4, 15/16; 5, 204f.

12 Häberle (Fn. 3), 423, 838, 849.

weit vom Ergebnis einer subjektiv- und auch objektiv-historischen Auslegung entfernt; und auch bei systematischer oder teleologischer Auslegung rechtfertigt dieses Würdekonzept nicht die herausragende Stellung, die ihr im Grundgesetz und - wie der Verfassungsvergleich gerade neuerer europäischer Verfassungen zeigt - nicht nur in diesem zukommt! Viel spricht dafür, will man Menschenwürdegarantie nicht zur bloßen Programmformel verblassen lassen, den Rechtsbegriff der Menschenwürde *eng* auszulegen, sich auf den Begriffskern zu beschränken, der darin besteht, daß sie

- dem Staat vorgegeben und für ihn unverfügbar ist,
- daß sie jedem einzelnen Menschen zukommt
- kraft seiner Person als Träger geistig-sittlicher Werte.
- In ihr hat sich das Recht geöffnet nach "oben", eine Öffnung für höhere "Werte";

denn dieser erste Satz des Grundgesetzes für die Bundesrepublik Deutschland ist kein Verfassungsbefehl, sondern eine Erkenntnis - die Erkenntnis, daß es Höheres gibt als das Recht und daß das Recht allein einem zu dienen bestimmt ist - dem Menschen.

Die herrschende Auffassung freilich definiert sie nicht positiv, sondern - wie stets im Recht, wenn eine Definition schwer fällt, negativ - aus dem Verletzungstatbestand heraus. Die sog. "Objekt-Formel" Günter Dürigs[13] hat sich praktisch durchgesetzt: "Die Menschenwürde ist getroffen, wenn der konkrete Mensch zum Objekt, zu einem bloßen Mittel, zur vertretbaren Größe herabgewürdigt wird". Am besten zeigt dies vielleicht der Wortschatz: "Es geht um die Degradierung des Menschen zum Ding, das total 'erfaßt', 'abgeschossen', 'registriert', 'liquidiert', 'im Gehirn

---

[13] Maunz - Dürig - Herzog - Scholz, Kommentar zum Grundgesetz, Rnr. 28 zu Art. 1 Abs. 1 GG.

gewaschen', 'ersetzt', 'eingesetzt' und 'ausgesetzt' (d.h. vertrieben) werden kann".

III. Die Rechtswirkung der Menschenwürdegarantie

Daß die Verpflichtung des Staates, die Würde des Menschen zu achten und zu schützen, *Rechtssatzcharakter* hat und nicht bloßen Programmcharakter, das war kaum je zweifelhaft. Schwieriger ist es, ihre Rechtswirkungen näher zu beschreiben.

1. "In der freiheitlichen Demokratie ist die Würde des Menschen der oberste Wert".[14] Das ist in der Folgezeit immer wieder unterstrichen, aber auch dadurch etwas abgeflacht worden, daß der Menschenwürde andere "oberste Grundwerte des freiheitlichen demokratischen Verfassungsstaates" an die Seite gestellt und zur "freiheitlich-demokratischen Grundordnung" verbunden wurden.[15]

Diese Grundwerten verpflichtete Rechtsprechung des Bundesverfassungsgerichts, die in der Literatur immer wieder auch kritisiert worden ist, findet ihre Fortsetzung in der Feststellung, das "Wertsystem" des Grundgesetzes habe seinen Mittelpunkt in der innerhalb der sozialen Gemeinschaft sich frei entfaltenden Persönlichkeit und ihrer Würde[16] oder - anders formuliert: "Die Grundrechte stellten ein Wertsystem dar, das von der Würde und Freiheit des einzelnen Menschen als natürlicher Person ausgehe".[17] All dies kann nur kritisieren, wer der Versuchung erliegt, sich ausschließlich an die positiv-rechtlichen Grundrechte zu

---

14 BVerfGE 5, 204 (KPD-Urteil).
15 BVerfGE 6, 32/36; 50, 166/175; 72, 105/115.
16 BVerfGE 7, 198/205.
17 BVerfGE 21, 362/369.

halten und die menschenrechtliche Idee, die in ihnen wirksam ist, auszublenden.[18]

Ohne ein Mindestmaß an gemeinsamen, notwendig "metaphysisch" begründeten Wertüberzeugungen ist kein Staat, keine Rechtsordnung dauerhaft zu begründen oder zu erhalten. Staats- und Rechtsordnung haben - entgegen allen Tendenzen einer rein rationalen Ausrichtung des Denkens in unserer Gegenwart - eine innere Verknüpfung zu unverzichtbaren und staatlich unverfügbaren Grundwerten. Diese sind nicht beliebig machbar und auch nicht beliebig veränderbar. Nur daher sind sie in ihrem Kernbereich über Art. 79 Abs. 3 .. dem Wandel entzogen. Genau das ist die Basisthese der modernen Grundrechtsdemokratie.[19] Und wo sollte diese Grundrechtsdemokratie ihr eigentliches Zentrum haben, wenn nicht im einzelnen Menschen und seiner Würde?

Von diesem Kern her wirkt die Garantie der Menschenwürde in der Tat in die Freiheitsgewährleistungen einzelner Grundrechte hinein, in die Garantie der Religionsfreiheit, freien Entfaltung der Persönlichkeit und anderer Grundrechte, deren Schutzbereich auf diese Weise eine tiefere Dimension gewinnen *kann*.

2. Schon diese Ausstrahlungswirkung auf die "nachfolgenden Grundrechte" rechtfertigt es, von der Menschenwürdegarantie als einem "Konstitutionsprinzip" zu sprechen.[20] Das Menschenwürde-Argument wird herangezogen bei der Interpretation von Inhalt und Reichweite der allgemeinen Handlungsfreiheit,

---

[18] J. Isensee, Menschenrechte - Staatsordnung - sittliche Autonomie. Gestalt der menschenrechtlichen Freiheit im Verfassungsstaat, in: J. Schwartländer (Hg.), Modernes Freiheitsethos und christlicher Glaube, München-Mainz 1981, 70f.

[19] B. Rüthers, Das Ungerechte am Recht, 1992, 34.

[20] BVerfGE 45, 187/227; Häberle (Fn. 5), 399; Stern (Fn. 4), 28.

insbesondere des allgemeinen Persönlichkeitsrechts, des Rechts auf Leben und der körperlichen Unversehrtheit, der Gewissens- und Religionsfreiheit, des Rechts auf Wehrdienstverweigerung sowie des Elternrechts, Asylrechts und des Rechts effektiven Rechtsschutzes. Dabei kann Art. 1 Abs. 1 sowohl schutzbereichs*erweiternd*, aber auch schutzbereichs*beschränkend* wirken:

Schutzbereichserweiternd wirkt die Menschenwürde, wenn neue Gefährdungen der Eigenständigkeit und Autonomie des Menschen auftreten, welche die Grundrechte bislang noch nicht erfaßt hatten;

> vor allem beim Schutz des allgemeinen Persönlichkeitsrechts gegenüber neuen Gefährdungen durch die modernen Informations- und Kommunikationstechniken (Datenverarbeitung, heimliche Tonbandaufnahmen etc.).[21]

Einschränkend wirkt die interpretatorische Verknüpfung eines speziellen Grundrechts mit der Menschenwürdegarantie zum Beispiel beim Grundrecht auf Asyl;[22]

> soweit nicht eine unmittelbare Gefahr für Leib, Leben oder persönliche Freiheit besteht, können Beeinträchtigungen der bezeichneten Rechtsgüter allerdings ein Asylrecht *nur* begründen, wenn sie nach ihrer Intensität und Schwere die Menschenwürde verletzen und über das hinausgehen, was die Bewohner des Heimatstaates aufgrund des dort herrschenden Systems allgemein hinzunehmen haben.[23]

Diese Ausstrahlungswirkung in die einzelnen Grundrechtsgarantien hinein bringt allerdings die Gefahr mit sich, daß Art. 1 Abs. 1 GG seine Eigenstän-

---

[21] T. Geddert-Steinacher, Menschenwürde als Verfassungsbegriff, Berlin 1990, 136f.

[22] BVerfGE 56, 216/235.

[23] Geddert-Steinacher (Fn. 21), 144.

digkeit verliert und zu einem ungeschriebenen Tatbestandsmerkmal der spezielleren Grundrechte verblaßt.

Unbestritten weist die Menschenwürdegarantie als Konstitutionsprinzip *über* die Grundrechtsbestimmungen *hinaus* und ist von konstitutiver Bedeutung für das Verhältnis zwischen Mensch und Staat. Diese Verbindung war schon in dem Vorschlag des Herrenchiemseer Entwurfs sichtbar geworden und trat besonders deutlich in den Beratungen des Ausschusses für Grundsatzfragen des Parlamentarischen Rates zutage.[24]

Sie hat auch tiefe historische Wurzeln[25] - nicht in den englischen Menschenrechtserklärungen, die die Rechte der Krone nie zur Disposition stellten, wohl aber in den nordamerikanischen Menschenrechtserklärungen, die sich als "Basis and Foundation of Government" verstanden. Regierungen werden in diesem Verständnis eingesetzt kraft Zustimmung der Regierten zur Sicherung der Menschenrechte.

Die Menschenrechte anerkennen heißt künftig also nicht nur: universelle Schranken der Herrschaft anzunehmen, sondern auch: *jede* politische Ordnung dem Postulat der individualrechtlich verwurzelten Autonomie zu unterstellen.

So legitimiert die Menschenrechtsidee eine ganz bestimmte Art von Staatsgewalt - und sie *de*legitimiert andere.[26]

3. Rechtswirkungen entfaltet die Menschenwürdegarantie vor allem dadurch, daß sie Prüfungsmaßstab bei der Frage nach der Verfassungsmäßigkeit von Gesetzen ist.

---

[24] Stern (Fn. 4), 27.

[25] Vgl. dazu H. Hofmann, in: Juristenzeitung 47 (1992) 168.

[26] Ebd. 169.

"Als oberster" Verfassungswert eröffnet sie sogar die Möglichkeit, auch Verfassungsrecht als verfassungswidrig zu qualifizieren.

In dieser Funktion als Prüfungsmaßstab für Gesetzes- und auch Verfassungsrecht liegt der Schwerpunkt der rechtlichen Wirkung der Menschenwürdeklausel. Ihrem Charakter als einer den staatlichen Gewalten vorgegebenen Norm entspricht es mehr, dem Gesetzgeber Grenzen zu ziehen als umgekehrt von ihm selbst ausgestaltet und rechtlich geformt zu werden.

Daher kommt es auch, daß die Konkretisierung der Rechtswirkungen der Menschenwürde weit mehr durch die Rechtsprechung als durch den Gesetzgeber erfolgt. Immer wieder werden die staatlichen Gerichte angerufen gegen angebliche oder wirkliche neue Bedrohungen der Menschenwürde durch die staatliche Gewalt. *Positiver* Ausfluß der Menschenwürdegarantie und der in ihr begründeten Schutzpflicht waren etwa

- die Anerkennung der Intimsphäre des Menschen, die sich Eingriffen wie dem einer lückenlosen Erfassung widersetzte;
- der Schutz eines allgemeinen Persönlichkeitsrechts oder
- die Garantie einer auch ökonomischen Basis für ein menschenwürdiges Leben;[27]

negativ gewendet verbietet die Menschenwürdegarantie

- eine entwürdigende Behandlung. Die Wehrsenate des Bundesverwaltungsgerichts bieten eine reiche Rechtsprechungskasuistik. Zugleich wird hier aber auch die Gefahr einer Entwertung der Menschenwürdegarantie deutlich. Stets hat diese im Rechtsalltag die rechte Mitte zwischen den Polen einer Überhöhung in ethischen Höhen ohne praktische

[27] So wie das in § 1 Abs. 2 des Bundessozialhilfegesetzes vom Gesetzgeber aufgenommen wurde.

Relevanz und auf der anderen Seite einer Abnützung in täglichen Alltagssorgen zu suchen.

- Diese Gefahr belegt die Rechtsprechung der Obergerichte zum Verstoß einer Peep-Show gegen die Menschenwürde der sich darstellenden Frauen.[28]
- Schwieriger zu lösen sind demgegenüber die verschiedenartigen Eingriffe einer modernen Fortpflanzungsmedizin, die der Menschenwürdegarantie als einer Grenze für die Forschungsfreiheit eine neue Bewährungsprobe stellen.[29]

4. Umstritten ist vor allen die Frage, ob Art. 1 Abs. 1 GG ein *Grundrecht* darstellt.

Obwohl das in der Literatur bestritten wird, geht das Bundesverfassungsgericht in ständiger Rechtsprechung davon aus, auch wenn der Menschenwürdegarantie eigentlich alle Merkmale eines subjektiven Rechts fehlen, weil sie auf die klassischen juristischen Fragen, wer wann was von wem verlangen kann, keine klare Antwort gibt.

Die Vorstellung aber, die heute national-rechtlich wie auch international-rechtlich selbstverständlich geworden ist, daß der einzelne Mensch Eingriffe in seine Menschenwürde selbst rügen und vor staatlichen Gerichten dagegen Schutz suchen darf, ist ohne eine individualrechtliche, grundrechtliche Position nicht schlüssig.

Fortschritte in der Gentechnik weisen der Menschenwürdeklausel sogar eine entscheidende Rechtsaufgabe zu, die in neue Grundrechtsdimensionen führt: Fortschritte der Genomanalyse und der Gentechnik werden die menschliche Natur verändernden Zugriffen aussetzen, gezielte Eingriffe in die Erbsubstanz ermöglichen - im Kampf gegen Krankheit

---

28 Vgl. eine Zusammenstellung bei Stern (Fn. 4), 31 [Fn. 127].

29 Vgl. dazu grundsätzlich Laufs (Fn. 8).

und Gebrechen, aber auch zu Zwecken positiver Eugenik.[30]

"Für den Grundrechtsschutz entsteht damit eine neue Situation", so der Bundesverfassungsrichter Dieter Grimm, weil gegenüber der Möglichkeit, vor der Zeugung eines Individuums die menschliche Erbsubstanz zu verändern, alle Grundrechtsgarantien, die sich immer nur auf einen bereits, wenn auch nur embryonal vorhandenen Menschen beziehen, zu kurz greifen. Einziger grundrechtlicher Ansatzpunkt bleibt dann Art. 1 Abs. 1 GG, dessen Schutzbereich freilich von einzelnen Menschen auf die Gattung Mensch erweitert werden müßte.[31]

Allerdings gilt es zu beachten: Je größer die juristische Wirksamkeit der Menschenwürdeklausel entfaltet wird, desto größer wird auch das Risiko, daß persönliche oder von partikulären Gruppen getragene Vorstellungen im Gewand dieses Verfassungsbegriffs als allgemein geltendes Verfassungsrecht ausgegeben werden.[32]

IV. Die Menschenrechte als zu Ansprüchen konkretisierte Menschenwürde

Die Unsicherheit, die sich bei der Definition der Menschenwürdegarantie zeigte, setzt sich notwendigerweise fort bei dem Versuch, den Kreis der Menschenrechte konkret zu umschreiben. Es liegt nicht allgemein verbindlich und allgemein erkennbar fest, welche Normen im einzelnen als "Menschenrechte" gelten. Es gibt keinen verbindlichen "Kanon" der Menschenrechte, und es kann auch niemals einen geben.

---

[30] Ebd. 101f.

[31] Ebd. m.w. Nachw.

[32] Ähnlich Zippelius (Fn. 9), S. 13 der Anm. zu Art. 1.

Die menschenrechtliche Idee entwickelt sich in der geschichtlichen Bewährung, sie reichert sich an in ihrer Konkretisierung in der jeweiligen historischen Situation. Sie bündelt neue Bedürfnisse (etwa nach Informationsfreiheit im totalitären Staat mit seiner Informationslenkung und -drosselung).

1. Immerhin bieten die Menschenrechtsdeklarationen und die Grundrechtskataloge Anhaltspunkte für die aktuelle Reichweite des Menschenrechtsgedankens - mehr allerdings auch nicht.

Der *völkerrechtliche* Schutz der Menschenrechte hat seit 1945 große Fortschritte gemacht und dank der Bemühungen im Rahmen der Vereinten Nationen eine universelle Dimension angenommen. Es sind zahlreiche völkerrechtliche Verträge menschenrechtlichen Inhalts zustande gekommen, die die Vertragsparteien zu bestimmten Verhaltensweisen verpflichten. Auch die Staaten des Warschauer Paktes sind an den meisten universellen Menschenrechtsvereinbarungen beteiligt, mögen sie auch - im Gegensatz zu Westeuropa, Lateinamerika und Afrika - ein eigenes regionales System zum Schutz der Menschenrechte weder bisher hervorgebracht haben noch ins Auge fassen. Unter diesen völkerrechtlichen Verträgen kommt dem am 23.3.1976 in Kraft getretenen "Internationalen Pakt über bürgerliche und politische Rechte" vom 19.12.1966 die größte Bedeutung zu. Er stellt die erste weltweite rechtsverbindliche Kodifizierung der Menschenrechte dar.

"In der Erwägung, daß nach den in der Charta der Vereinten Nationen verkündeten Grundsätzen die Anerkennung der allen Mitgliedern der menschlichen Gesellschaft innewohnenden Würde und der Gleichheit und der Unveräußerlichkeit ihrer Rechte die Grundlage von Freiheit, Gerechtigkeit und Frieden in der Welt bildet, in der Erkenntnis, daß sich diese Rechte aus der dem Menschen innewohnenden Würde herleiten,

in der Erkenntnis, daß nach der Allgemeinen Erklärung der Menschenrechte das Ideal vom freien Menschen, der bürgerliche und politische Freiheit genießt und frei von Furcht und Not lebt, nur verwirklicht werden kann, wenn Verhältnisse geschaffen werden, in denen jeder seine bürgerlichen und politischen Rechte ebenso wie seine wirtschaftlichen, sozialen und kulturellen Rechte genießen kann,"

verpflichten sich die Paktstaaten, zahlreiche Menschenrechte zu gewährleisten und Eingriffe in sie zu unterlassen.

Ebenfalls am 23. März 1976 ist das Fakultativprotokoll (Protokoll) zu dem internationalen Pakt in Kraft getreten. Es regelt ein Individualbeschwerdeverfahren. Vor einem Menschenrechtsausschuß können Einzelpersonen geltend machen, in einem im VN-Pakt niedergelegten Recht verletzt worden zu sein. Damit ist es erstmals gelungen, im Rahmen der UN ein rechtsverbindliches Individual-Rechtsschutzsystem zu schaffen, das nicht auf den Schtuz nur einiger weniger Menschenrechte beschränkt ist.[33]

Ergänzt werden diese Schutzbestimmungen des Völkerrechts durch *regionale* Konventionen wie die Amerikanische Menschenrechtskonvention vom 22.11.1969 und die Europäische Konvention zum Schutz der Menschenrechte und Grundfreiheiten vom 4.11.1950 und die Europäische Sozialcharta vom 18.10.1961 mit ihren besonderen prozessualen Sicherungen, insbesondere mit der Möglichkeit eines Individualverfahrens vor dem Europäischen Gerichtshof für Menschenrechte. Ergänzend sind heranzuziehen die Regeln und politischen Abreden, die im Verlaufe des

---

[33] Vgl. dazu F. Meißner, Die Menschenrechtsbeschwerde vor den Vereinten Nationen, Baden-Baden [1]1976.

KSZE-Prozesses getroffen worden sind. In "Korb 1" (Fragen der Sicherheit in Europa) der Schlußakte der Konferenz über Sicherheit und Zusammenarbeit[34] enthält die "Erklärung über die Prinzipien, die die Beziehungen der Teilnehmerstaaten leiten" unter VII folgenden Passus: "Die Teilnehmerstaaten anerkennen die universelle Bedeutung der Menschenrechte und Grundfreiheiten, deren Achtung ein wesentlicher Faktor für den Frieden, die Gerechtigkeit und das Wohlergehen ist, die ihrerseits erforderlich sind, um die Entwicklung freundschaftlicher Beziehungen und der Zusammenarbeit zwischen ihnen sowie zwischen allen Staaten zu gewährleisten".

Im europäischen Raum hat die Bemühung um eine sozialpolitische und sozialrechtliche Integration in den vergangenen Jahren Fortschritte erzielt, auch wenn viele Wünsche offen bleiben.[35] Die Gemeinschaftscharta der sozialen Grundrechte der Arbeitnehmer[36] und das Aktionsprogramm der Kommission der Europäischen Gemeinschaften zur Anwendung der Gemeinschaftscharta der sozialen Grundrechte[37] verlangen allerdings eine institutionelle Ergänzung - etwa einen die EG überwölbenden Europäischen Sozialrat anstelle des Regierungssozialausschusses des Europarats.

---

[34] Bulletin des Presse- und Informationsamtes der Bundesregierung 1977 Nr. 102 / S. 968;
Quellentexte des Internationalen Schutzes der Menschenrechte finden sich in dem dtv-Bändchen Beck-Texte Bd. 5531, Menschenrechte, 2. Aufl.;
historische und verfassungsvergleichende Nachw. finden sich bei: W. Heidelmeyer (Hg.), Die Menschenrechte: Erklärungen, Verfassungsartikel, internationale Abkommen, Paderborn [3]1982.

[35] Vgl. dazu näher R. Pitschas, Die soziale Dimension der Europäischen Gemeinschaft, DÖV 1992, 277ff.

[36] Vom 9.12.1989, DOK. KOM. (89), 248 entg.

[37] Vom 29.11.1989, BRTs. 717 / 89.

2. Bei einer Textanalyse ist allerdings in mehrfacher Hinsicht Vorsicht geboten:

- Bei den internationalen Texten überlagern sich Recht und Politik; nicht jede Erklärung hat auch unmittelbar juristische Bedeutung. Ihr Fehlen muß andererseits keineswegs politische Bedeutungslosigkeit indizieren.
- Bei nationalen Verfassungstexten lenken gerade die im Gefolge der Verfassunggebung in den neuen Ländern diskutierten "sozialen Grundrechte" das Augenmerk auf einen ganz wesentlichen Unterschied zwischen
  + Menschenrechten, die die Verfassung anerkennt, ohne daß sie diese beschneiden könnte, und
  + Grundrechten, die Bürger sich in einer Verfassung versprechen, *ohne* daß dazu eine Verpflichtung aus überpositivem Recht bestünde.[38]

Erschwerend ist freilich, daß im internationalen Verfassungsvergleich heute zwischen Menschenrechten und Grundrechten verbal nicht mehr exakt unterschieden wird, sondern beide Begriffe mehr und mehr synonym verwendet werden - obwohl sie eben nicht das gleiche sind.[39] Dem siegreichen Begriff der "Menschenrechte" werden heute immer wieder Inhalte unterschoben, die mit ihnen nicht unmittelbar etwas gemein ha-

---

[38] Zur Frage der sozialen Grundrechte vgl. H. Lecheler, Kein anderes Grundgesetz! (=Kirche und Gesellschaft 177), Köln 1991.

[39] In den im letzten Jahrzehnt neugeschaffenen europäischen Verfassungen wird ausschließlich der Begriff "Grundrechte" verwendet (vgl. Stern (Fn. 4), 40). Schon in der europäischen Verfassungsentwicklung der jüngeren Zeit, jedenfalls im 20. Jh., hat sich der Begriff der Grundrechte für die Gewährleistung grundlegender subjektiver Rechte des einzelnen mehrheitlich durchgesetzt.

ben, aber auf diese Weise an ihrem Siegeszug teilhaben sollen.

V. Abschließend ein Blick auf die Europäische Union

Positiv-rechtlich läßt sich heute in Europa ein weitgehend übereinstimmender "europäischer Grundrechtekatalog" erschließen.

Allerdings enthält die Gemeinschaftsrechtsordnung bisher weder einen geschlossenen geschriebenen Grundrechtskatalog noch auch einzelne Vorschriften, die sich ausdrücklich als Grund- oder Menschenrechte bezeichnen.

Lediglich im Vorspruch zu der seit 1. Juli 1987 geltenden Einheitlichen Europäischen Akte findet sich ein allgemein gehaltenes Bekenntnis zur "Wahrung des Rechts und der Menschenrechte", wobei auf "die in den Verfassungen und Gesetzen der Mitgliedstaaten, in der Europäischen Konvention zum Schutz der Menschenrechte und Grundfreiheiten und der Europäischen Sozialcharta anerkannten Grundrechte, insbesondere Freiheit, Gleichheit und soziale Gerechtigkeit" Bezug genommen wird. Mehr sagt das geschriebene Gemeinschaftsrecht nicht aus.

Wenn die Verträge auch keine ausdrücklichen Grundrechtsverbürgungen vorsehen, so enthalten sie einzelne Vorschriften mit unverkennbar grundrechtlichem Bezug, insbesondere die verschiedenen Diskriminierungsverbote (Art. 7, 140 usw. EGV), die Freizügigkeit der Arbeitnehmer und die Niederlassungsfreiheit. Damit entsprachen die Verträge aber nicht dem grundrechtlichen Standard, wie er für den Verfassungsstaat westeuropäischer Prägung selbstverständlich geworden war.

Im Fehlen eines in sich geschlossenen Grundrechtekatalogs wurde eines der entscheidenden demokratischen Defizite der Gemeinschaften gesehen.

Dieses Defizit ist durch die Rechtsprechung des Europäischen Gerichtshofs heute weitgehend beseitigt; in unterdessen gefestigter Rechtsprechung schützt der EuGH die Grundrechte als Unterfälle der allgemeinen Rechtsgrundsätze. Am Ausgangspunkt dieser Rechtsprechung steht das berühmte Urteil in der Rechtssache Stauder,[40] in dem die Frage entschieden werden mußte, ob es mit der Menschenwürde vereinbar war, den Bezug verbilligter Butter für Sozialhilfeempfänger (zur Vermeidung von Mißbräuchen) an die Nennung des Namens zu knüpfen.

In der Folgezeit hat der EuGH diese seine Rechtsprechung konsequent fortgeführt und vertieft,[41] so daß bekanntlich das Bundesverfassungsgericht den Vorrang des Gemeinschaftsrechts auch gegenüber nationalem Verfassungsrecht akzeptiert hat.[42]

Immer wieder ist gefordert worden, daß die EG zur Konsolidierung des Grundrechtsstandards der EuMRK beitreten sollte.[43]

Zweifellos böte ein solcher Beitritt Vorteile: Ein geschlossener Grundrechtekatalog, wie er in der Konvention enthalten ist, würde zusätzliche Rechtssicherheit und Rechtsklarheit schaffen.

Trotzdem wird - und zu Recht - zur Zurückhaltung gemahnt: Die EuMRK schützt vornehmlich die politischen und bürgerlichen Rechte, dagegen nur einen

---

[40] Vom 12.11.1969, RS 29/69, Amtl. Slg. 1969, 419 u. 424f.

[41] Vgl. dazu eingehend M. Dauses, Der Schutz der Grundrechte in der Rechtsordnung der Europäischen Gemeinschaft - Problematik, Bestand und Entwicklungstendenzen, in: Eisenmann - Rill (Hg.), Das Europa der Zukunft (=Schriftenreihe der Akademie für Politik und Zeitgeschehen bei der Hanns-Seidel-Stiftung), Regensburg 1992, 114ff.

[42] Sog. "Solange II-Beschluß" vom 22.10.1986, BVerfG E 73, 339ff.

[43] Nachw. b. M. Dauses (Fn. 41), 132.

Mindeststandard wirtschaftlicher und sozialer Rechte, die in der Gemeinschaftsrechtsordnung eine beherrschende Rolle spielen. Somit wäre eine gewisse Unausgeglichenheit im Grundrechtsschutz der Gemeinschaften die notwendige Folge des Beitritts. Während diese Rechte der EuMRK wie das Recht auf Unversehrtheit des menschlichen Lebens oder das Verbot der Folter, Sklaverei und Zwangsarbeit keinerlei Berührungspunkte mit der Gemeinschaftsgewalt aufweisen, würden einschlägige und wesentliche Rechtsgarantien wie die Freiheit der wirtschaftlichen Betätigung und der Eigentumsschutz nicht oder zumindest nicht hinreichend berücksichtigt.

Sinnvoller erscheint es daher, die insbesondere vom Europäischen Parlament erhobene Forderung zu unterstützen, die Gemeinschaft solle sich eine eigenständige Grundrechtecharta nach dem Muster nationaler Verfassungen geben.

In diesem Sinne hat das Europäische Parlament am 12. April 1989 erstmals einen ausformulierten Grundrechtskatalog vorgelegt, der ein Teilstück der Verfassung der künftigen Europäischen Union werden könnte,[44] der in der vorliegenden Form neben den herkömmlichen Freiheitsrechten auch ein Recht auf "sozialen Schutz" (Art. 15), auf Bildung (Art. 16) und auf eine heile Umwelt (Art. 24) enthält und damit "Rechte", die wir in der Verfassungsrechtslehre eher als "Verfassungslyrik" bezeichnen.[45] Gerade die Einbezie-

---

[44] Abgedr. im Amtsblatt der EG 1989, Nr. C 120, 51ff.

[45] Weil diese "Rechte" von vornherein unter dem Vorbehalt der Erfüllbarkeit durch den jeweiligen Staat stehen und damit den Unbedingtheitscharakter einer Menschenrechts- oder auch Grundrechtsgewährleistung schwächen. Daß der Staat verpflichtet ist, für möglichst gute Bedingungen für die Umwelt, die Bildung und die soziale Existenz seiner Bürger zu sorgen, ist außer Streit. Will man diese Verpflichtung ausdrücklich in die Verfassung aufnehmen, so ist ihre Eingliederung als "Staatsziele" in die Staatsziel-Bestimmungen der Verfassung (Art. 20 Abs. 3 GG) vorzuziehen.

hung dieser und ähnlicher "sozialer Rechte" bestätigen das Urteil, daß die allgemeinen Menschenrechte "zwischen philosophischen Lehrsätzen, rechtsethischen Prinzipien, allgemeinen Rechtsgrundsätzen, Regeln, Programmen, Standards, deklaratorischen Bekräftigungen des geltendes Rechts und staatlichen Rechtsgarantien objektiver und subjektiver Art" "changieren".[46]

VI. Ertrag?

1. Sowohl der historische Ausgangspunkt der politischen und juristischen Sicherung der Menschenrechte nach dem Zweiten Weltkrieg wie auch die Projektion des Menschenrechtsschutzes in die europäische und internationale Zukunft hinein war und ist weniger von geistigen Modellen der Menschenrechte gesteuert als von praktischen Notwendigkeiten.

2. Daß wir heute allerorten viel von den Menschenrechten reden, bedeutet noch lange nicht, daß es besonders gut um sie stünde.

Zwar sind während der letzten Jahrzehnte die Menschenrechte auch in den Mittelpunkt des politischen Vokabulars gerückt; ein optimistischer Beobachter könnte daraus die Schlußfolgerung ableiten, Recht und Politik hätten sich nach den bitteren Erfahrungen dieses Jahrhunderts die Aufgabe auferlegt, die Welt gemeinsam nach ethischen Prinzipien zu gestalten. Selbst in Europa aber läßt sich das heute angesichts der Vorgänge im Norden, Osten und Südosten

---

[46] So H. Hofmann, Menschenrechtliche Autonomieansprüche - Zum politischen Gehalt der Menschenrechtserklärungen, in: Juristenzeitung 47 (1992) 165 u.167.

Als Hauptgrund für dieses "Changieren" nennt er zutreffend die Verschränkung individualrechtlicher und institutioneller Freiheitssicherungen.

nicht mehr überzeugend behaupten. Überall sonst auf der Welt wird ohnedies eher eine Zu- als eine Abnahme der Verletzung der Menschenrechte konstatiert.

Ganz offensichtlich ist es also eine Illusion, vom Rechtsschutz allein eine Verbesserung der Lebensbedingungen zu erwarten.

3. Sogar vor Entwertung schützt die Anerkennung eines Rechts als Menschenrecht auf Dauer nicht. Das läßt sich an der Entwicklung der Eigentumsgarantie und an ihrem heutigen Stellenwert gut belegen - einem Recht, das im 18. Jahrhundert zu den "natürlichen und unveräußerlichen Menschenrechten" gezählt und als "unverletzliches und heiliges Recht" gefeiert wurde.[47] Die große Menschenrechtsidee droht heute im politischen Geschäft zu einem bloßen Formelkompromiß zu erstarren, hinter dem die Idee von der Unverlierbarkeit der Würde des einzelnen Menschen als Person fast verschwindet. An Beispielen fehlt es nicht; am deutlichsten liegen sie in der Menschenrechtslyrik der kommunistischen Verfassungen nach dem Kriege in Osteuropa zutage.

Oft verdeckt das Wort von der Menschenwürde die Probleme mehr als daß es sie löst.

4. Immerhin hält der Menschenwürde- und Menschenrechtsgedanke die Tür offen, die das staatliche Recht mit außer- und vorrechtlichen Kulturschichten und -formen verbindet. Er hält uns stets vor Augen, daß das Recht auf Dauer nur aus der Ethik leben kann.

Und wie sieht hier der Stand der Dinge aus? Mit der gesellschaftlichen Krise einer "Amtsethik" der Beamten, der "Standesethiken" der freien Berufe droht der Rechtsordnung diese ethische Basis wegzubrechen.

---

47 Vgl. dazu drastisch, aber zutreffend Isensee (Fn. 18), 72.

Wenn das richtig ist, dann erst wird es wirklich verhängnisvoll, daß die Moral- und Sozialethik diesen Raum heute jedenfalls in Deutschland nicht mit der notwendigen Entschiedenheit füllt. Das Zusammenwachsen Europas bietet hier viele Chancen!! Aus der Sicht des Verfassungsjuristen geschieht aber viel zu wenig, um diese Chancen zu nützen.

Eine ganz erhebliche Chance für die Realisierung der Menschenwürdeidee besteht schließlich auch darin, die Achtung von Menschenwürde und Menschenrechten als ein gemeinsames Anliegen aller Religionen zu begreifen und zu begründen.

5. Statt dessen aber scheint die Menschenrechtsidee in Europa vielmehr verstanden zu werden als ein *politischer* Motor zur Verbesserung der rechtlichen Situation des einzelnen. Gerade als Jurist darf ich das nicht geringschätzen. Ich brauche aber auch nicht die Augen davor zu verschließen, daß es viel zu wenig wäre, wenn wir dabei stehenbleiben.

Manfred Spieker

Menschenbild und Sozialstaat

1. Anthropologie und Staatsphilosophie

Der Zusammenhang von Menschenbild und Staatskonzeption gehört zu den klassischen Themen der Philosophie. In der Anthropologie werden die Weichen gestellt für die Gestalt des Staates, für die Ziele und die Reichweite politischer Herrschaft. Drei Beispiele mögen diesen Zusammenhang in Erinnerung rufen:

Wenn der Mensch als animal rationale et politicum definiert wird, als ein vernünftiges und politisches Wesen also, das lernen muß, tugendhaft zu handeln, damit sein Leben gelingt, das dieses tugendhafte Handeln aber auch nach mehreren Seiten hin leicht verfehlen kann,[1] dann kennzeichnet den optimalen, das bonum commune realisierenden Staat eine gemischte Verfassung, in der nicht nur die besten, sondern alle Bürger ihre Tugenden entfalten und am Gemeinwesen teilnehmen können.[2]

Wenn der Mensch als des Menschen Wolf definiert, ja ihm unterstellt wird, er verhalte sich noch raublustiger und grausamer als Wölfe, Bären und Schlangen,[3] weshalb das soziale Leben ein elender Zustand des Krieges aller gegen alle sei, muß der Staat die Gestalt des Leviathan annehmen. Um dem Naturzustand zu entgehen, in dem jeder einen gewaltsamen Tod be-

---

1 Aristoteles, Nikomachische Ethik, 1109 a.

2 Ders., Politik, Viertes Buch, insbesondere 1291 b und 1294 b.

3 Th. Hobbes, Vom Menschen. Vom Bürger, hg. von G. Gawlick, Hamburg 1959, 17 u. 59.

fürchtet, unterwerfen sich die asozialen Bestien unbeschränkter Herrschaft. Sie gestehen dem Leviathan nicht nur die Konzentration von gesetzgebender, administrativer und rechtsprechender Gewalt in einer Hand, sondern auch die Zensur über Wissenschaft und Religion zu.[4] Die totale Herrschaft wird zur Bedingung der Menschwerdung des Menschen.

Wenn der Mensch schließlich als Ensemble gesellschaftlicher Verhältnisse definiert wird,[5] in denen Besitz- und Klasseninteressen herrschen, gilt der vorrevolutionäre Staat als Instrument der besitzenden Klasse zur Unterdrückung der Besitzlosen.[6] Da der Mensch zugleich aber als prometheisches Wesen definiert wird,[7] das sich mittels einer großen Revolution von aller Unterdrückung befreien will, gilt der nachrevolutionäre Staat als Vehikel der Emanzipation. Ihm kommt die Aufgabe zu, die gesellschaftlichen Strukturen, insbesondere die Eigentumsverhältnisse so zu gestalten, daß der Mensch in einen paradiesischen Zustand versetzt wird, in dem er, aller Entfremdung ledig, über absolute Dispositionsbefugnisse verfügt und heute dies, morgen jenes tun kann und mit der Herrschaft schließlich auch den Staat abschafft.

Anthropologische Irrtümer können also fatale Folgen für die Staatsphilosophie und für die Politik haben. Welche die Wirtschaft ruinierenden, den Staat, insbesondere seine Sicherheitsdienste aufblähenden und die Menschen versklavenden Folgen die dritte, auf Marx zurückgehende Position hatte, ist seit 1989 hinreichend

---

4 Ders., Leviathan oder Wesen, Form und Gewalt des kirchlichen und bürgerlichen Staates (1951), Reinbek 1965, Buch XVII und XVIII.

5 K. Marx, Thesen über Feuerbach, in: K. Marx - F. Engels, Werke (MEW) Bd. 3, Berlin 1973, 6.

6 K. Marx - F. Engels, Manifest der Kommunistischen Partei, in: MEW Bd. 4, Berlin 1972, 464.

7 K. Marx, Vorrede zur Dissertation, in: MEW Ergänzungsband 1. Teil, Berlin 1973, 262.

bekannt. Danko Grlić, ein jugoslawischer Neomarxist, nannte 1969 den Glauben an die Möglichkeit, die Entfremdung völlig zu beseitigen, selbst die größte Form der Entfremdung.[8] In seiner Analyse des Zusammenbruchs des Kommunismus schrieb Johannes Paul II. deshalb mit Recht, daß "der Grundirrtum des Sozialismus anthropologischer Natur ist".[9]

2. Die Sozialstaatsdiskussion

Läßt sich der Zusammenhang von Menschenbild und Staatskonzeption auch in der deutschen Sozialstaatsdiskussion beobachten? Diese Diskussion ist Anfang 1992 zwar nicht besonders aktuell. Die Wiedervereinigung hat aus dem Quintett der in Art. 20 und 28 GG genannten Verfassungsprinzipien - Republik, Demokratie, Rechtsstaat, Sozialstaat und Bundesstaat - eher das Rechtsstaatsprinzip in den Mittelpunkt des Interesses gerückt. Die rechtsstaatliche Demokratie faszinierte die in der DDR eingesperrten und entmündigten Deutschen, und nun, da die Mauern und Grenzen gefallen sind und die Erbauer und Direktoren, die Wärter und Spitzel des Gefängnisses zur Rechenschaft gezogen werden sollen, mutet das Rechtsstaatsprinzip den Opfern der Diktatur manch bittere Lektion zu. Auch dem Bundesstaatsprinzip scheint gegenwärtig im Prozeß der europäischen Integration mehr Aufmerksamkeit zuteil zu werden als dem Sozialstaatsprinzip. Aber vermutlich wird eine neue Sozialstaatsdiskussion angesichts der sozialen Probleme der Wiedervereini-

---

8 D. Grlić, Praxis und Dogma, in: G. Petrović (Hg.), Revolutionäre Praxis. Jugoslawischer Marxismus der Gegenwart, Freiburg 1969, 113.

9 Johannes Paul II., Enzyklika »Centesimus annus« (01.05.1991), (=Verlautbarungen des Apostolischen Stuhls 101), Bonn 1991, Nr. 13.

gung, der Haushaltsdefizite von Bund, Ländern und Gemeinden, der Diskussionen über das Teilen und die Pflichten der Treuhandanstalt, der Tarifpartner und der Bundesanstalt für Arbeit und nicht zuletzt auf Grund der Alterspyramide unserer Gesellschaft und der sich daraus ergebenden Rentenprobleme nicht lange auf sich warten lassen. Die letzte derartige Diskussion wurde in den 70er Jahren geführt. Sie beherrschte die ersten fünf Jahre und dann das Ende der sozialliberalen Koalition in Bonn, aber auch in den 50er Jahren gab es im Zusammenhang mit Kriegslastenausgleich, Rentenreform und Generationenvertrag bereits eine intensive Sozialstaatsdebatte. Im Zentrum dieser Debatten steht in der Regel die Frage, inwieweit das Sozialstaatsprinzip des Grundgesetzes den Staat verpflichtet, in die Wirtschaft und die Gesellschaft zu intervenieren, um soziale Sicherheit zu gewährleisten und soziale Unterschiede auszugleichen.

Die Vielzahl der rechts- und sozialwissenschaftlichen Stimmen, die sich in diesen Diskussionen zu Wort melden, lassen sich m.E. ohne unzulässige Vereinfachung in drei Positionen einteilen. Die erste Position sieht im Sozialstaat eine Gefahr für die Souveränität des Staates. Sie bejaht zwar die Daseinsvorsorge als Aufgabe der staatlichen Verwaltung, lehnt aber den Verfassungsrang der Sozialstaatlichkeit, mithin die unmittelbare und justiziable Geltung eines Verfassungsprinzips "Sozialstaat" ab, weil dies den Staat in die Abhängigkeit von organisierten Interessen bringen und somit seine Souveränität unterhöhlen würde. Die Bundesrepublik Deutschland sieht sie auf einer abschüssigen Bahn, weil sie schon viel zu sehr Sozialstaat, also Beute der Verbände, sei. Hauptvertreter dieser Position sind u.a. Ernst Forsthoff und Herbert Krüger. Die zweite Position interpretiert das Sozialstaatsprinzip als Hauptinstrument des Staates zur Intervention in Wirtschaft und Gesellschaft, als Einfallstor des Sozialismus in die deutsche Verfassungsordnung, mithin als Vehikel der Emanzipation von kapitalistischer Herrschaft. Aus ihrer Perspektive befindet sich die Bundesrepublik Deutschland ebenfalls auf abschüssiger Bahn, aber nicht weil sie zu sehr, sondern weil sie zu wenig Sozialstaat ist. Zu ihren Hauptvertretern gehören Hans-Hermann Hartwich, Wolfgang Abendroth, Helmut Ridder und zahlreiche Epigonen der sogenannten 68er-Generation. Die dritte Position hält den Sozialstaat für ebenso notwendig wie risikoreich. Sie knüpft seine Legitimität an seine Subsidiarität, d.h. seine Interventionen in die Gesellschaft gelten nur dann als legitim, wenn sie Hilfe zur Selbsthilfe sind. Das Sozialstaatsprinzip ist für sie ein zentrales Verfassungsprinzip. Es wird aber durch andere Verfassungsprinzipien und Grundrechte begrenzt. Diese Position vereint eine Vielzahl von Stimmen aus der Rechtswissenschaft, der Politikwissenschaft, der Wissenschaft von der Sozialpolitik und der Sozialethik.

Es kann im folgenden nicht darum gehen, diese Positionen, ihre Interpretationen des Sozialstaatsprinzips, ihre staatsphilosophischen Prämissen und ihre Beurteilung der Entwicklung des deutschen Sozialleistungssystems zu untersuchen oder auch nur zu skizzieren.[10] Es geht allein darum, ihre anthropologischen Prämissen herauszuarbeiten und zu prüfen, inwieweit die jeweilige Sozialstaatskonzeption mit einem impliziten oder expliziten Menschenbild zusammenhängt.

3. Der Minimalstaat

Zuvor ist jedoch noch ein kurzer Blick auf jene Position zu werfen, die den Sozialstaat für grundsätzlich le-

---

[10] Vgl. dazu M. Spieker, Legitimitätsprobleme des Sozialstaats. Konkurrierende Sozialstaatskonzeptionen in der Bundesrepublik Deutschland, Bern-Stuttgart 1986, 111ff.

gitimitätsunfähig hält. Der Sozialstaat gilt hier als Staat, der die offene Gesellschaft und die Freiheit der Individuen zerstört, als Staat, der beansprucht, um einer austeilenden oder sozialen Gerechtigkeit willen in die Gesellschaft intervenieren zu können. Eine austeilende Gerechtigkeit aber kann es aus dieser Perspektive nicht geben. Sie gilt als Ideologie einer "militärischen oder bürokratischen Organisation", in der "jeder danach beurteilt wird, wie weit er in den besonderen Umständen nach der Ansicht seiner Vorgesetzten die ihm gesetzten Aufgaben erfüllt hat". Sie sei mit der freien Berufswahl ebenso unvereinbar wie mit der freien Entscheidung jedes einzelnen, was er produzieren bzw. leisten wolle. Die austeilende Gerechtigkeit impliziere "nicht nur persönliche Unfreiheit, sondern auch die allgemeine Durchsetzung einer unbestrittenen Hierarchie der Werte, das heißt ein im strengsten Sinne des Wortes totalitäres Regime".[11] Soziale Gerechtigkeit sei eine "Fata Morgana".[12] Die staatlichen Aufgaben werden in dieser Position auf den Schutz des Individuums gegen Gewalt, Diebstahl und Betrug und auf die Durchsetzung von Verträgen reduziert. Der Staat gilt als "Makler der Gesellschaft" oder als "Liftboy des Privatrechtsverkehrs".[13] Robert Nozick, neben von Hayek gegenwärtig der Klassiker dieser Position, geht noch einen Schritt weiter. Er reduziert den Staat nicht nur auf die Rolle des Nachtwächters,

---

11 F.A. v. Hayek, Wirtschaft, Wissenschaft und Politik (=Freiburger Universitätsreden N.F. Heft 34), Freiburg 1963, 12f; ders., Freiburger Studien, Tübingen 1969, 119; ders., Law legislation and liberty, vol. 2 The mirage of social justice, London 1976, 85; ders., Individualismus und wirtschaftliche Ordnung, Erlenbach-Zürich 1952, 35.

12 Ders., Soziale Gerechtigkeit - eine Fata Morgana, in: F.A.Z. vom 16.4.1977.

13 F. Böhm, Der Rechtsstaat und der soziale Wohlfahrtsstaat, in: Grundsatzfragen der Wirtschaftsordnung, hg. von der Freien Universität Berlin, Berlin 1954, 123.

sondern verlangt von ihm die Entschädigung derjenigen, die "durch das Verbot einer Tätigkeit, die andere lediglich gefährden könnte, benachteiligt" werden.[14] Legitimitätsfähig ist für ihn nur der "Minimalstaat", der sich von jeder Orientierung an einer austeilenden Gerechtigkeit verabschiedet und jenen "Entschädigungsgrundsatz" beachtet.

Welches Menschenbild liegt einer Staatsphilosophie zugrunde, für die jeder Sozialstaat der Keim eines totalitären Staates ist? Nozick und von Hayek lassen keinen Zweifel: ihr Menschenbild ist das eines radikalen Individualismus. Der Mensch wird auf seine Individualität reduziert. Individuelle Freiheit gilt als der höchste Wert und "das letzte politische Ziel".[15] Der Staat hat deshalb kein Recht, "den Möglichkeiten des Fähigen oder vom Glück Begünstigten Schranken zu setzen".[16] Die beati possidentes haben keine Solidaritätspflichten. Eine sittliche Ordnung gilt als nicht erkennbar. Zum Problem des Werturteils habe schon Max Weber "das Wesentliche gesagt".[17] Der Nominalismus in der Erkenntnistheorie verbindet sich mit dem Individualismus in der Sozialphilosophie. Die Gesellschaft ist eine Fiktion in der Vorstellung der Individuen. Ihr kommt also keine eigene Realität zu. Es gibt für von Hayek "keinen anderen Weg zum Verständnis der sozialen Erscheinungen ... als über das Verständnis des Handelns des Einzelnen, das sich nach den Nebenmenschen richtet und von deren zu erwartendem Verhalten bestimmt wird".[18]

Das Minimalstaatskonzept entspricht also einer Anthropologie, die den Menschen auf eine Monade

---

14 R. Nozick, Anarchie, Staat, Utopia, München 1976, Original New York 1974, 85, 89, 111 u. 135.

15 Hayek, Wirtschaft (Fn. 11), 20.

16 Ders., Individualismus (Fn. 11), 46.

17 Ders., Wirtschaft (Fn. 11), 11.

18 Ders., Individualismus (Fn. 11), 15.

reduziert. Monaden können zwar nebeneinander kreisen, kennen aber keine Gemeinschaft. Sie müssen nur dafür sorgen, daß sie sich, wenn sie aneinander stoßen, nicht verletzen. Da dieses Menschenbild der Person nicht gerecht wird, deren Sozialität nicht nur ein Appendix der Individualität, sondern gleichursprünglich wie diese ist, und deren Würde gleichermaßen Rechte und Pflichten begründet, muß das Minimalstaatskonzept scheitern. Es scheitert nicht nur deshalb, weil es die Konfrontation der beati possidentes mit den Ansprüchen der nonpossidentes durch das Privatrecht bzw. die iustitia commutativa nicht lösen kann und so den Keim der Klassengesellschaft in sich trägt, sondern auch, weil die beati possidentes selbst auf das Gemeinwohl als Voraussetzung ihrer Handlungsfreiheit angewiesen bleiben. Bereits die Verkehrssicherheit der Monaden setzt ein Reglement voraus, zu dessen Vereinbarung die Monaden aus sich herausgehen müssen und einen "Staat" brauchen.

4. Der souveränitätsorientierte Sozialstaat

Im Unterschied zur Minimalstaatskonzeption hält die souveränitätsorientierte Sozialstaatskonzeption den Sozialstaat für rechtfertigungsfähig, allerdings nur unter der Voraussetzung, daß die staatliche Souveränität durch sein Leistungssystem nicht unterhöhlt wird. Für Ernst Forsthoff ist der Sozialstaat die notwendige Konsequenz der Industrialisierung, die mit ihren technischen Erfindungen zwar den effektiven Lebensraum, also jenen Raum, in dem sich das Leben tatsächlich abspielt, außerordentlich erweitert habe, zugleich aber den beherrschten Lebensraum, in dem sich der Mensch autark und als Herr fühlen kann, schrumpfen ließ. Um in den Genuß dessen zu kommen, was er lebensnotwendig braucht, bedürfe der Mensch in immer wachsendem Maße der "organisierten Vorkehrungen" und "umfangreicher Versorgungsapparaturen". Sie bereitzustellen sei Aufgabe des Staates. Die Leistungen der Daseinsvorsorge machen den modernen Staat deshalb notwendig zum Sozialstaat.[19] Die Sozialstaatlichkeit müsse aber nicht Verfassungsrang erhalten. Zur Bewältigung der Aufgabe der Daseinsvorsorge reiche der Rechtsstaat. Gesetzgebung und Verwaltung hätten das Notwendige zu tun. Erhält die Sozialstaatlichkeit Verfassungsrang, werde die Verfassung dem Streit um Werte geöffnet, der in ihr nichts verloren habe. Er werde dem Ringen organisierter Interessen, mithin den Begehrlichkeiten der Verbände ausgesetzt. Die Daseinsvorsorge, die dem Bürger eine angemessene Existenz ermöglichen soll, werde für Herrschaftszwecke instrumentalisiert.

Für Horst Krüger wurzelt der Sozialstaat weniger in der Industrialisierung als vielmehr in ihren sozialen Folgeproblemen, den Konflikten zwischen verschiedenen Klassen. Diese Konflikte seien die "Lage", auf die der Sozialstaat antworte. Jeder Staat hat für ihn seinen letzten Grund darin, auf eine "Lage" zu antworten, die das Überleben der Menschen bedrohe. Insoweit der Sozialstaat die sozialen Konflikte entschärfe, sei er "idealtypisch durchaus imstande, einen wesentlichen Beitrag zur Staatlichkeit der Bundesrepublik zu leisten".[20] Vom Menschen ist hier nicht die Rede. Das Telos des Sozialstaats ist ganz offensichtlich der Staat.

Von welchen anthropologischen Prämissen gehen diese Sozialstaatskonzeptionen aus? Ist ihnen überhaupt ein Menschenbild zu entnehmen? Bei Forsthoff ist die Abneigung gegen anthropologische Reflexionen

---

19 E. Forsthoff, Verfassungsprobleme des Sozialstaats, in: Ders. (Hg.), Rechtsstaatlichkeit und Sozialstaatlichkeit, Darmstadt 1968, 146ff; ders., Der Staat der Industriegesellschaft, München 1971, 75f.

20 H. Krüger, Rechtsstaat - Sozialstaat - Staat, Hamburg 1975, 35.

unübersehbar. Sie seien "ohne Interesse", ja sogar "leerlaufende Rhetorik", erklärt er in seiner Abhandlung über die Entwicklung der Technik und ihre Bedeutung für Staat und Recht. Auf den ersten Blick vermittelt diese Abhandlung in der Tat den Eindruck, als sei die Technik für ihn ein "mythisches Subjekt", das die Entwicklung der Gesellschaft bestimmt und den Menschen völlig aus dem Blick geraten läßt.[21] Dennoch scheut sich Forsthoff nicht, mehrfach von einem "Wesen des Menschen" zu sprechen, "das sich im übersehbaren Bereich der Menschheitsgeschichte gleichgeblieben ist und von dessen Unveränderbarkeit ausgegangen werden muß". Dieses Wesen des Menschen bestehe in der "freien Verfügung über seine Zwecke und Ziele".[22] Der Sozialstaat habe deshalb keine andere Funktion als die "Wiederherstellung der Autonomie des individuellen Daseins".[23] Die anthropologischen Überlegungen kreisen immer wieder um einen neuzeitlichen Begriff der Autonomie, die die Schranke einer vorgegebenen, der Erkenntnis zugänglichen, aber menschlichen Verfügung entzogenen Seins- und Wertordnung nicht anerkennt.

Forsthoffs Sozialstaatskonzeption führt auf Grund dieser anthropologischen und erkenntnistheoretischen Prämissen in ein Dilemma. Mit seinem Leistungsangebot sichert der Sozialstaat nicht nur die Daseinsvorsorge der Bürger, er macht sie auch abhängig von diesen Leistungen. Was der Ausweitung des beherrschten Lebensraumes dienen soll, führt im Ergebnis zu dessen weiterer Schrumpfung. Die die Autonomie schützende Daseinsvorsorge und die die Autonomie einschrän-

---

[21] So W. Euchner in seiner Rezension von E. Forsthoff, Der Staat der Industriegesellschaft, in: Archiv des öffentlichen Rechts 99 (1974) 181.

[22] E. Forsthoff, Von der sozialen zur technischen Realisation, in: Der Staat 9 (1970) 159.

[23] Ders. (Fn. 19), 163.

kende Herrschaft sind die zwei Seiten der Medaille Sozialstaat. Forsthoff ist sich dieses Dilemmas bewußt. Er betrachtet es "mit einem gewissen konservativen Schauder", aber er sieht keinen Ausweg. Die Lebensbedingungen der industriellen Zivilisation gestatteten es nicht, "die künstliche Lebensform des Sozialstaats abzuwerfen".[24]

Ein zweites Dilemma folgt, das Dilemma von Autonomie und Souveränität. Auf den ersten Blick scheint die staatliche Souveränität die logische Konsequenz der individuellen Autonomie zu sein. Wie das Individuum über seine Handlungszwecke souverän soll verfügen können, so soll der Staat souverän über Recht und Unrecht, Ziele und Leistungen bestimmen können. Aber gerade darin liegt das Problem. Dem anderen nachteilige oder den Staat zerstörende Ziele erscheinen ebenso legitim wie den Staat stabilisierende und dem Mitbürger nützende. Die staatliche Souveränität hat somit das Risiko der anarchischen Folgen der individuellen Autonomie zu verringern bzw. "die nackte Asozialität des Autonomieprinzips" in Schranken zu halten.[25] Da ihr aber so wenig Normen vorgegeben sind wie der individuellen Autonomie, bleibt auch letztere ständig bedroht. Aus dem Dilemma von Autonomie und Souveränität gibt es so wenig ein Entrinnen wie aus dem von Daseinsvorsorge und Herrschaft.

Krügers Sozialstaatskonzeption orientiert sich zwar ebenfalls an der staatlichen Souveränität, aber sein Menschenbild unterscheidet sich von dem Forsthoffs beträchtlich. Er folgt nicht wie Forsthoff den Spuren Kants, sondern denen von Hobbes und Hegel. Seine anthropologischen Prämissen sind wesentlich schärfer konturiert als die Forsthoffs. Mit Recht beginnt Peter Badura seinen Besprechungsaufsatz über Krügers mo-

---

[24] Ebd.

[25] P. Graf Kielmansegg, Volkssouveränität, Stuttgart 1977, 104.

numentale Allgemeine Staatslehre mit dem Satz "Diese Allgemeine Staatslehre ... handelt in Wahrheit vom Menschen".[26] Der Staat im allgemeinen und der Sozialstaat im besonderen haben für Krüger die Autonomie des individuellen Daseins nicht wiederherzustellen, sondern aufzuheben. Krüger geht wie Hobbes von einem Naturzustand aus, in dem ein Krieg aller gegen alle herrscht.[27] Er sei das Übel aller Übel. In ihm sei die menschliche Existenz von Not und Angst geprägt, der Menschheit entkleidet und "der Tierheit" anheimgegeben.[28] Erst im "Zivilstand" wird der Mensch dieser Bestialität entrissen. Bedingung dieses Zivilstandes aber ist der Staat. Dieser ist somit nicht eine Folge der Sozialnatur des Menschen, sondern "eine künstliche Veranstaltung"[29] bzw. eine "Veranstaltung des Menschen gegen sich selbst ..., in der er in Gemeinschaft mit Seinesgleichen über sich selbst hinauszugelangen sucht".[30] Auf Grund der Prämisse, nach der der Mensch des Menschen Wolf ist, wird der Staat zur Bedingung der Menschwerdung des Menschen. Grundrechte als Abwehrrechte gegen den Staat sind für Krüger konsequenterweise "schlechthin unhaltbar".[31] Sie sind für ihn nur als Instrumente der "Staatshervorbringung" denkbar.[32] Die "misanthropische Grundhaltung",[33] ja die "schiere Verzweiflung

---

26 P. Badura, Die Tugend des Bürgers und der Gehorsam des Untertanen. Besprechung von H. Krüger, Allgemeine Staatslehre, in: Juristenzeitung 21 (1966) 123ff.

27 H. Krüger, Allgemeine Staatslehre, Stuttgart 1964, 198, 404 u. 978ff.

28 Ebd. 528. Vgl. auch 190 u. 152.

29 Ebd. 620.

30 Ebd. 655.

31 Ebd. 537 u. 944f.

32 Ebd. 542.

33 So H.H. Klein, Über Grundpflichten, in: Der Staat 14 (1975) 165.

gegenüber der menschlichen Natur",[34] die Kritiker Krügers anthropologischen Prämissen mit Recht vorhalten, führen auch sein Sozialstaatskonzept in ein unauflösliches Dilemma: der als General- und Blankovollmacht konzipierte souveräne Staat gilt als Bedingung der Überwindung der Asozialität des Menschen.[35] Zur eigenen Sicherung bedarf dieser Staat der Glücksvorsorge, d.h. die Staatsräson gebietet ihm, Sozialstaat zu sein. Die sozialstaatlichen Leistungen aber verleiten die Empfänger zu Lethargie, Hedonismus und über diesen zu einem Rückfall in die Asozialität. Aus dem Teufelskreis Asozialität - Souveränität - sozialstaatliche Glücksvorsorge - Asozialität gibt es kein Entrinnen.

5. Der emanzipatorische Sozialstaat

Die emanzipatorische Sozialstaatskonzeption erscheint auf den ersten Blick wie der Gegenpol zur souveränitätsorientierten. Sie interpretiert das Sozialstaatsprinzip, wie bereits erwähnt, als das zentrale Verfassungsprinzip.[36] Es gilt als Instrument für den "gesamtgesellschaftlichen Emanzipationskampf der Arbeitnehmerschaft", das dem Staat gebiete, die Gesellschaft zu verändern, die Wirtschaft zu demokratisieren und die "privatkapitalistisch fundierte Autokratie in der Unternehmensführung" abzubauen.[37] Da den Vertre-

---

[34] So E. Benda, Rechtsstaat im sozialen Wandel, in: Archiv für öffentliches Recht 101 (1976) 501.

[35] H. Krüger (Fn. 20), 36 u. 25. Vgl. auch ders. (Fn. 27), 526.

[36] H. Ridder, Zur verfassungsrechtlichen Stellung der Gewerkschaften im Sozialstaat nach dem Grundgesetz für die Bundesrepublik Deutschland, in: O.E. Kempen (Hg.), Sozialstaatsprinzip und Wirtschaftsordnung, Frankfurt 1976, 99.

[37] H.-H. Hartwich, Wirtschaftsdemokratie und die Theorie vom sozialen Rechtsstaat, in: Politische Vierteljahresschrift 11 (1970), Sonderheft 2 "Probleme der Demokratie heute", 300f.

tern dieser Position, die in den DGB-Gewerkschaften einen starken Rückhalt haben,[38] eine sozialistische Vergesellschaftung des Eigentums an Produktionsmitteln auf absehbare Zeit unerreichbar zu sein scheint, gilt das Sozialstaatsprinzip als Kompensation. Es soll den Staat dazu zwingen, nicht nur paritätische Mitbestimmung in der Wirtschaft einzuführen, sondern auch Wirtschafts- und Sozialausschüsse auf Regional-, Landes- und Bundesebene zu errichten und den Gewerkschaften eine privilegierte Stellung einzuräumen.[39] Es gilt als Verfassungsauftrag zur Revolution. Kein Wunder, daß die Bundesrepublik aus dieser Perspektive noch nicht das Prädikat "Sozialstaat" verdient. Wenn die Revolution einmal vollendet, d.h. der "Grundwiderspruch zwischen privater Aneignung der Produktionsmittel und dem gesellschaftlichen Charakter der Produktion" beseitigt sei, so Hartwich, werde sich ein besonderes Sozialstaatsprinzip erübrigen.[40]

Werden auch für diese Sozialstaatskonzeption die Weichen in der Anthropologie gestellt? Auf den ersten Blick muß die Antwort lauten: nein. Eine gründliche oder auch nur halbwegs befriedigende Reflexion anthropologischer Prämissen findet sich bei den Vertretern dieser Position nicht. Zum einen fehlt ihnen nach langen gesellschaftskritischen Ausführungen meist, wie

---

Vgl. auch J. Strasser, Grenzen des Sozialstaats? Köln-Frankfurt 1979, 82, 153 u. 159.

38 E. Breit, Eine kritische Bestandsaufnahme aus der Sicht des Deutschen Gewerkschaftsbundes, in: N. Blüm - H.F. Zacher (Hg.), 40 Jahre Sozialstaat Bundesrepublik Deutschland, Baden-Baden 1989, 187ff.

39 I. Fetscher, Die Sonderstellung der Gewerkschaften im sozialen Rechtsstaat, in: Gewerkschaftliche Monatshefte 26 (1975) 268; Th. Ramm, Der Arbeitskampf und die Gesellschaftsordnung des Grundgesetzes. Beitrag zu einer Verfassungslehre, Stuttgart 1965, 190f u. 203.

40 H.-H. Hartwich, Sozialstaatspostulat und gesellschaftlicher Status quo, Opladen ^{2}1977, 360.

Hartwich am Ende seiner großen Sozialstaatsarbeit feststellt, der Atem zu theoretischer Fundierung der eigenen Position. Zum anderen liegt diese Abstinenz vermutlich auch daran, daß viele Vertreter dieser Konzeption im Schatten des Historischen Materialismus stehen, nach dessen Grundthese die Produktions- und Eigentumsverhältnisse nicht nur die gesellschaftlichen Beziehungen, sondern die gesamte Existenz des Menschen determinieren. Der Mensch gilt als "Ensemble gesellschaftlicher Verhältnisse". Eine Beschäftigung mit ihm gilt deshalb neben der Analyse dieser gesellschaftlichen Verhältnisse, insbesondere der Produktions- und Eigentumsstrukturen, als vergleichsweise zweitrangig. Dennoch muß festgehalten werden: in die gesellschaftskritischen Analysen fließen so viele Hypothesen, Definitionen und Schlußfolgerungen ein, daß sich das Menschenbild relativ einfach rekonstruieren läßt.

Der 6. Feuerbachthese von Marx kommt für dieses Menschenbild eine Schlüsselbedeutung zu. Wenn der Mensch Ensemble gesellschaftlicher Verhältnisse ist, dann hängen seine Freiheit, seine Selbstbestimmung und seine Emanzipation von den gesellschaftlichen Verhältnissen ab. Der Sozialstaat wird zur "Vorbedingung 'realer' Freiheit".[41] Der Mensch ist nicht Person, für deren Entfaltung der Sozialstaat Subsidium ist, sondern gesellschaftlich determiniertes Individuum, dessen Selbstentfaltung "erst als gesamtstaatlich zu lösende Aufgabe gewährleistet werden kann".[42] Solange der Sozialstaat nicht sein Ziel erreicht und d.h. den Grundwiderspruch zwischen Lohnarbeit und Kapital, zwischen dem gesellschaftlichen Charakter der Produktion und der privaten Aneignung des Mehrwerts beseitigt hat, ist der Mensch nicht frei.

---

41 Ebd., 346.
42 Ebd., 359.

Die Rechtsprechung des Bundesverfassungsgerichts zu den Grundrechten wird von Hartwich kritisiert, weil sie übersehe, daß Freiheit unter kapitalistischen Verhältnissen gar nicht wahrnehmbar sei.[43] Grundrechte könnten unter solchen Verhältnissen nur als Teilhaberrechte interpretiert werden. Als Abwehrrechte gegen staatliche Interventionen seien sie sinnlos. Das Subsidiaritätsprinzip wird als Aushöhlung der Gesamtverantwortung des Staates abgelehnt. Es gehe ihm nur "um Hilfe für die freie Einzelpersönlichkeit, nicht um Emanzipation".[44] Die Regelungsbefugnisse gesellschaftlicher Selbstverwaltungsorgane und der Vorrang freier Träger in der Sozial- und Jugendhilfe werden als "Entstaatlichung" kritisiert.[45] Wenn die Existenz des Menschen derart zur Funktion gesellschaftlicher Verhältnisse wird, wenn Privatheit nur noch als "derivierte" in den Blick kommt,[46] avanciert der emanzipatorische Sozialstaat offenkundig zur Bedingung der Menschwerdung des Menschen. Erst in ihm und durch ihn scheint Freiheit möglich zu werden.

Aber was ist Freiheit für die Vertreter der emanzipatorischen Sozialstaatskonzeption? Sie beklagen zwar häufig das Fehlen individueller Freiheit unter den Bedingungen einer "kapitalistischen" Gesellschaft. Wenn sie jedoch das Ziel sozialstaatlicher Gesellschaftsveränderung beschreiben, wird der Leser regelmäßig in der Erwartung enttäuscht, dies müsse etwas mit der Wiederherstellung oder der Sicherung individueller Freiheit zu tun haben. Dies läge in der Logik der Klage. Aber die individuelle Freiheit verschwindet immer wieder hinter der "gesellschaftlichen

---

43 Ebd., 127.

44 Ebd., 342f.

45 Ebd., 177, 193, 342 u. 359.

46 So bei J. Habermas, Strukturwandel der Öffentlichkeit, Neuwied ^{5}1971, 270.

Freiheit",[47] die als Ziel der Emanzipation gilt. Dies wiederum liegt in der Logik der Marxschen Anthropologie, in der das prometheische Individuum als Ensemble gesellschaftlicher Verhältnisse hinter der Gattung verschwindet.

Das Menschenbild im emanzipatorischen Sozialstaat ist nicht das der Person, sondern das des Genossen. Es führt zu erstaunlichen Parallelen zwischen der emanzipatorischen und der souveränitätsorientierten Sozialstaatskonzeption. War in der souveränitätsorientierten Position der souveräne Staat die Bedingung für die Menschwerdung des Menschen, so ist dies in der emanzipatorischen die den Kapitalismus überwindende Gesellschaft. Hatten Grundrechte dort die Funktion, den Staat hervorzubringen, so haben sie hier Teilhabe am emanzipatorischen Prozeß gesamtgesellschaftlicher Kontrolle zu sichern. Weder hier noch dort haben sie den Bürger vor staatlichen Übergriffen zu sichern. Wurde schließlich dort dem Staat um der Sicherung der Staatlichkeit willen eine General- und Blankovollmacht erteilt, so wird hier die sozialstaatliche Gesamtverantwortung für Wirtschaft und Gesellschaft postuliert. Beide Positionen haben das ubiquitäre Gemeinwesen zur Folge. Beide mißtrauen der Freiheit des Menschen. Beide degradieren den Sozialstaatsbürger zum Untertanen der Leistungsbürokratie. Beide mißachten die Würde der Person.

6. Der subsidiäre Sozialstaat

Die dritte der eingangs erwähnten Positionen in der Sozialstaatsdiskussion ist die eines subsidiären Sozialstaats.[48] Sie geht davon aus, daß der Sozialstaat ein

---

47 H.-H. Hartwich (Fn. 40), 352.

48 Ihrem Vorfeld werden zahlreiche Stimmen aus dem Verfassungsrecht, der Politikwissenschaft und der Sozialethik

Erfordernis des Gemeinwohls ist, daß er aber eine Reihe von Risiken birgt. Sie knüpft seine Legitimität an seine Subsidiarität. Seine Leistungen müssen also dem Begünstigten Hilfe zur Selbsthilfe sein. Sie haben nicht nur seine Konsumchancen zu vergrößern, sondern auch und vor allem seine Bereitschaft zu individueller Anstrengung und Verantwortung anzuregen und zu fördern. Zugleich dürfen sie die Leistungsbereitschaft der Belasteten nicht lähmen.

Die Sicherung individueller Freiheit ist aus dieser Perspektive ein erstes Ziel des Sozialstaats. Ihm sind aber drei weitere Ziele gleichrangig beigeordnet: die soziale Sicherheit, die soziale Gerechtigkeit und die gesellschaftliche Integration. Der Sozialstaat hat dem Bürger also nicht nur Schutz gegen Einkommensrisiken zu gewährleisten, die aus Krankheit, Invalidität, Alter, Arbeitslosigkeit oder individuellen Notlagen erwachsen, er hat auch für eine die Menschenwürde schützende rechtliche Regelung der Arbeitsbedingungen, eine Partnerschaft ermöglichende Gestaltung der Beziehungen zwischen den Tarifpartnern, die Entwicklung und Anwendung arbeitsmarktpolitischer Instrumente zur Vermeidung oder Milderung von Arbeitslosigkeit, eine Vermögensbildung in allen Schichten der Gesellschaft und einen Familienlastenausgleich zu sorgen. Er soll durch seine Tätigkeit auf diesen Feldern dazu beitragen, soziale Spaltungen und Konflikte zu vermeiden oder zu mildern und alle Schichten am immer relativen Wohlstand teilhaben zu lassen. Er soll sich um die distributive Gerechtigkeit bemühen und jedem Bürger ein Leben in Würde ermöglichen. Trotz dieses umfangreichen Ziel- und Aufgabenkatalogs wird dem Sozialstaat aber keine umfassende Dispositions-

zugeordnet, u.a. W. Geiger, E. Benda, K. Stern, H.F. Zacher, Chr. Starck, H. Peters, E.W. Böckenförde, O. Bachof, J. Isensee, H. Maier, K. Löw, A. Rauscher und R. Henning. Weitere Nachweise in M. Spieker (Fn. 10), 222ff.

oder Interventionsbefugnis konzediert. Er bleibt vielmehr einer doppelten Begrenzung unterworfen: zum einen durch das Rechtsstaatsprinzip, zum anderen durch die Grundrechte.

Die Begrenzung des Sozialstaats durch den Rechtsstaat bedeutet, daß der Sozialstaat bei allen Interventionen in die Gesellschaft, bei der Beschaffung seiner Mittel und bei der Gewährung, Änderung oder Annullierung seiner Leistungen nur in den Formen des Rechtsstaates handeln kann. Sowohl seine Leistungen gewährenden als auch seine mit Abgaben belastenden Maßnahmen haben das Prinzip der Gesetzmäßigkeit der Verwaltung, der Verhältnismäßigkeit der Leistung bzw. der Abgabenbelastung, der Transparenz des Leistungszwecks, der Bedürftigkeitsprüfung der Sozialleistungsempfänger, das Gleichheitsgebot und den Primat individueller Freiheit und Initiative zu beachten. Die Freiheitsverbürgungen der Grundrechte sind auch im sozialstaatlichen Leistungssystem zu respektieren. Der die Freiheit der Persönlichkeitsentfaltung gewährleistende Art. 2, der die Freiheit der Tarifpartner sichernde Art. 9, der die Freiheit der Berufs- und Arbeitsplatzwahl garantierende Art. 12 und der das private Eigentum schützende Art. 14 des Grundgesetzes gelten als freiheitssichernde Schranken des Sozialstaats.

Alle in dieser Position vereinten Ansätze sind bemüht, eine Balance zwischen Bejahung und Begrenzung des Sozialstaats zu finden. Liegt diesem Bemühen ein bestimmtes Menschenbild zugrunde? Die Reflexion der anthropologischen Prämissen ist gewiß auch in dieser Position sehr verschieden, was Ausmaß und Niveau anlangt. Aber es gibt zahlreiche gemeinsame Merkmale, die deutlich machen, daß sich diese Ansätze an einem personalen Menschenbild orientieren. Sie sind im folgenden aufzugreifen und weiterzuführen. Die Aufgabe, die sich stellt und zu deren Lösung die katholische Soziallehre beitragen kann, besteht also darin, aus den verschiedenen Dimensionen menschlicher Existenz, die im Begriff der Person anklingen - Individualität und Sozialität, Freiheit und Verantwortung, Geist- und Leibnatur, Gottebenbildlichkeit und Ambivalenz - Konsequenzen für die Institutionen, die Leistungen und die Mittelbeschaffung zu ziehen. Diese Aufgabe systematisch anzugehen, ist hier nicht möglich. Aber von einem dieser Spannungsbögen personaler Existenz, dem von Freiheit und Verantwortung, sollen einige Konsequenzen für den subsidiären Sozialstaat angedeutet werden.

Daß der Mensch als Person frei ist und Verantwortung trägt, daß er eine dem Sozialstaat vorgegebene Würde hat und daß seine Initiativen, Anstrengungen und Leistungen die erste Voraussetzung für das Gelingen seines Lebens und auch für die Leistungsfähigkeit des Sozialstaats selbst sind, ist das gemeinsame anthropologische Fundament der in dieser Sozialstaatskonzeption vereinten Ansätze, das sie zugleich von den Menschenbildern der souveränitätsorientierten und emanzipatorischen Sozialstaatskonzeption unterscheidet. Der Sozialstaat ist in dieser Perspektive nicht Ursprung bzw. konstituierende Bedingung, sondern Folge individueller Handlungsfreiheit und Leistungsfähigkeit. Gewiß bleibt er auf den politischen Gestaltungswillen angewiesen. Er ergibt sich nicht automatisch aus den individuellen Entscheidungen. Aber er ist das Ergebnis bewußter und verantworteter Solidarität. Er wurzelt nicht nur in der Mängel- und Bedürfnisstruktur des Menschen, sondern ebenso im Reichtum seiner Anlagen und Fähigkeiten, in seiner "mäzenatischen" Natur. Er ist nicht nur Erste-Hilfe-Station zur Linderung sozialer Not, sondern Ausweis einer Kultur der Solidarität. Er knüpft an der Sozialnatur des Menschen an, will aber den Schutz der Person, mithin auch den ihrer Individualität. Sein Ziel ist nicht die Menschwerdung des Menschen, sondern der Schutz und die Förderung der Handlungsfreiheit und der Leistungsfähigkeit des Individuums und der Familie. Er ist somit a priori ins zweite Glied verwiesen. Er soll dem Individuum die zum Gelingen seines Lebens notwendigen Initiativen und Anstrengungen nicht abnehmen, sondern anregen, schützen und fördern.

Der Primat der Freiheit und die Pflicht zur Verantwortung spiegeln sich in der subsidiären Sozialstaatskonzeption auf mehrfache Weise. Die Verantwortung gegenüber sich selbst wird unterstrichen, wenn das Gelingen des menschlichen Lebens in erster Linie an die Anstrengungen des einzelnen geknüpft wird. Der Sozialstaat kann diese Anstrengungen weder abnehmen, noch kann er ihren Erfolg garantieren. Die Verantwortung gegenüber sich selbst und den Mitmenschen wird in Erinnerung gerufen, wenn die Stabilität des Sozialstaats nicht nur an die Strukturen und die gesicherte Finanzierung seines Leistungssystems geknüpft wird, sondern auch an das Ethos des belasteten wie des begünstigten Sozialstaatsbürgers, an seine Leistungsbereitschaft, sein Sozialverhalten und seine Deutung des Lebenssinnes, die erhebliche Auswirkungen auf das Profil seiner Erwartungen an das sozialstaatliche Leistungssystem hat.[49] Der subsidiäre Sozialstaat setzt die Verantwortung des Menschen gegenüber sich selbst und den Mitmenschen voraus, wenn er die Kernbereiche des sozialstaatlichen Leistungssystems - Kranken-, Renten-, Unfall- und Arbeitslosenversicherung - nicht auf das Versorgungs- oder das Fürsorgeprinzip, sondern auf das Versicherungsprinzip gründet, dessen Leistungen beitragsfinanziert und - mit Ausnahme jener der Krankenversicherung - einkom-

---

[49] Vgl. M. Spieker, Der Sozialstaat und das Ethos seiner Bürger, in: Politische Studien Nr. 287, 37 (1986) 270ff.

mensbezogen sind, und wenn er von den Empfängern bestimmter Leistungen wie der Sozialhilfe, des Wohngeldes oder der Ausbildungsförderung den Nachweis der Bedürftigkeit erwartet. Diesen Nachweis verlangt die Verantwortung gegenüber den Steuerzahlern, die für ihre Finanzierung aufkommen, ebenso wie die Berücksichtigung der Möglichkeit, daß der Mensch in seiner sündhaften Gebrochenheit ein Hilfssystem auch unsolidarisch ausbeuten kann.

Schließlich spiegelt sich Freiheit und Verantwortung auch im Subsidiaritätsprinzip selbst, das dem Sozialstaat nicht nur schnelle Interventionen in die Gesellschaft verbietet, sondern ihn auch verpflichtet, bei einer Überforderung kleinerer Gemeinschaften zu prüfen, wie sich deren Eigeninitiative und -verantwortung stärken lassen, wenn sie sich bei bestimmten Aufgaben überfordert fühlen, bevor er eine Übernahme dieser Aufgabe in die eigene Regie in Erwägung zieht. Aus diesem Prinzip ergibt sich u.a. der Vorrang freier Träger im sozialstaatlichen Leistungssystem vor staatlichen Einrichtungen. Dieser Vorrang war in der Geschichte des deutschen Sozialstaats jahrzehntelang sehr umstritten. Er erfreut sich erst seit Ende der 70er Jahre eines breiten Konsenses. Er hat wie das Subsidiaritätsprinzip selbst anthropologische Wurzeln: freie Träger gewährleisten als personnähere Einrichtungen die Freiheit des einzelnen, die Berücksichtigung seiner Deutung des Lebenssinnes, seiner Konfession und damit die Bedingungen seiner Geborgenheit besser als staatliche Träger. Das anthropologisch begründete Subsidiaritätsprinzip schützt somit zum einen den Bürger gegen eine sozialstaatliche Expansion, die ebenso versorgungsstaatliche wie bürokratische Züge annimmt, zum anderen schützt es den Sozialstaat und sein Leistungssystem gegen ein Übermaß an sozialen Forderungen seitens der Bürger, weil es von der primären Verantwortung des einzelnen bzw.

personnäherer Lebenskreise ausgeht. Auch in der Soziallehre der Kirche ist diese Grenze des subsidiären Sozialstaats wiederholt angemahnt worden.[50]

7. Geschichte oder Gegenwart?

Welche Aktualität kommt diesen Sozialstaatskonzeptionen im wiedervereinigten Deutschland, im integrierten Westeuropa und im Zusammenwachsen von West- und Osteuropa zu? Ende 1990 schien es, als gehöre die Zukunft allein dem subsidiären Sozialstaat. Er hatte sich im Vertrag über die deutsche Währungs-, Wirtschafts- und Sozialunion vom 18.5.1990 voll durchgesetzt. Dem souveränitsorientierten und dem emanzipatorischen Sozialstaat wurde ebenso eine Absage erteilt wie dem Minimalstaat. In der westeuropäischen Integration sind die Diskussionen gewiß kontroverser. Aber auch hier wird zumindest von den kontinentalen Staaten der subsidiäre Sozialstaat favorisiert, während England für den Minimalstaat kämpft. Was die Neuordnung Gesamteuropas betrifft, so schien die Pariser KSZE-Charta vom 21.11.1990 die neue Ära eines freien, wiedervereinigten, demokratischen, rechtsstaatlichen und marktwirtschaftlichen Europas einzuleiten. Ein Sozialstaatskonzept ist in der Charta zwar nicht enthalten, aber die Verpflichtung der Unterzeichnerstaaten zu sozialer Gerechtigkeit und dem Schutz der Arbeitnehmer läßt doch den Schluß zu, daß allein der subsidiäre Sozialstaat in der Logik dieses Dokumentes liegt.

---

50 Vgl. die Enzykliken Johannes' XXIII. »Mater et magistra« (15.05.1961) Nr. 151 und »Pacem in terris« (11.04.1963) Nr. 65, den Konzilstext »Gaudium et spes« (07.12.1965) Nr. 75 und die Enzyklika Johannes' Pauls II. »Centesimus annus« (Fn. 9), Nr. 48.

Die KSZE-Charta war jedoch weniger der Beginn einer neuen Ära als vielmehr Höhepunkt und Abschluß eines Revolutionsjahres, das fast alle Diktaturen in Europa friedlich hinwegfegte und Deutschland und Europa grundlegend veränderte. Es gab Anlaß zu Freude und Hoffnung. Inzwischen ist der Jubel der Ernüchterung gewichen. Schon zwei Monate später beherrschten militärische Konflikte die Schlagzeilen: das Baltikum, der Golfkrieg, die Konflikte in und zwischen den neuen Staaten der auseinanderbrechenden kommunistischen Imperien Sowjetunion und Jugoslawien. Hinzu kommen die komplexen ökonomischen, sozialen, kulturellen und politischen Probleme in den Transformationsprozessen Mittel- und Osteuropas. So scheinen plötzlich alle oben erörterten Sozialstaatskonzeptionen einschließlich des Minimalstaatskonzepts in einen neuen Wettbewerb um die besten Problemlösungen einzutreten.

In Deutschland sieht sich der subsidiäre Sozialstaat eineinhalb Jahre nach der Wiedervereinigung einer doppelten Gefährdung ausgesetzt: zum einen der Gefährdung durch alte Mentalitäten und Erwartungshaltungen, die nach mehr als 40jähriger Herrschaft der SED in den neuen Bundesländern fortwirken, zum anderen der Gefährdung durch die emanzipatorische Sozialstaatskonzeption, die angesichts der langwierigen und schwerwiegenden sozialen Probleme des Übergangs zur Marktwirtschaft vor einer Renaissance zu stehen scheint. Sie hat in verschiedenen Parteien, Gewerkschaften und Interessengruppen einen gewissen Rückhalt und wird von jenen Mentalitäten stark begünstigt. Was diese Mentalitäten und Erwartungshaltungen betrifft, so ist es für viele Bürger in den neuen Bundesländern in der Tat hart, sich daran zu gewöhnen, daß sie und nicht der Staat für ihren Arbeitsplatz, ihr Einkommen und ihre Lebensperspektive verantwortlich sind. Ein halbes Jahrhundert war die Initiative des einzelnen nicht nur verpönt, ihr wurden auch keine Entfaltungschancen eingeräumt. Dieses vielfach erörterte und für das Gelingen der Transformationsprozesse entscheidende Mentalitätsproblem veranlaßte Lothar de Maizière zu seinem Wort, den DDR-Bürger werde es noch lange geben, auch wenn die DDR als Staat längst verschwunden ist. Was den emanzipatorischen Sozialstaat betrifft, so zeigen sich seine Spuren m.E. in den Forderungen nach Beschäftigungsgesellschaften, einem Vorrang der Sanierung vor der Privatisierung, Arbeitsplatzgarantien, die auch in Tarifverträge Eingang finden und auch im Kurs der Währungsumstellung für Löhne, Gehälter und Renten von 1:1, der sich nicht nur als ökonomische, sondern mittelfristig eben auch als soziale Belastung erwies, auch wenn es politische Gründe gab, die für ihn sprachen.

Eine weitere Gefährdung bahnt sich langfristig an, wenn die Tötung ungeborener Menschen durch die Fristenregelung legalisiert wird und von Dauer sein sollte. Die Fristenregelung tendiert dazu, die Verantwortung von Mann und Frau für ihre leibliche Vereinigung zu unterhöhlen und dadurch das soziale Klima, auf das der subsidiäre Sozialstaat angewiesen bleibt, zu vergiften. Wenn ein Teil der Gesellschaft nicht nur seine Solidaritätspflichten aufkündigt, sondern mit der Mißachtung des Rechts auf Leben auch die erste Legitimitätsbedingung des Staates in Frage stellt, wird sich der andere Teil auf Dauer dupiert vorkommen, wenn er auch noch die sozialstaatlichen Belastungen für diesen Teil - für die Tötungskosten der Abgetriebenen ebenso wie für die Altersversorgung der Abtreibenden - zahlen soll.

Ist eine Situation denkbar, in der auch der souveränitätsorientierte Sozialstaat politisch Resonanz erlangen könnte? Aufgrund der Entwicklung in Deutschland kaum, aber Deutschland ist nach der Wiedervereinigung noch weniger eine Insel als vorher. Wenn sich die Probleme in Mittel- und Osteuropa potenzieren, wenn sich zu den Schwierigkeiten der ökonomischen und sozialen Entwicklung einerseits anhaltende politische Lähmungen gesellen wie in Polen, andererseits ethnisch und religiös bedingte militärische Konflikte, die große Fluchtbewegungen auslösen, wie in den südlichen GUS-Staaten und in Kroatien und Bosnien-Herzegowina, dann findet vermutlich auch der souveränitätsorientierte Sozialstaat neue Anhänger: die soziale Hilfe einer bedrängten Administration gilt dann als einzige Alternative zum militärischen Flächenbrand. Demokratie und Subsidiarität können um der Bewältigung der Lage und der Aufrechterhaltung der Staatlichkeit willen in Gefahr geraten.

Der subsidiäre Sozialstaat hat sich neu zu bewähren. Er taugt nicht nur für politische und ökonomische Schönwetterperioden. Er hat sich in Deutschland bewährt, weil er nach 1949 in einer Phase von Regen und Sturm half, ein stabiles Haus zu konstruieren. Aber gerade der deutsche Fall zeigt, daß der Erfolg nicht nur durch die sozialstaatlichen Strukturen, Institutionen und Leistungen, sondern auch und entscheidend durch das Ethos des Sozialstaatsbürgers ermöglicht wurde.

Gesine Schwan

Verantwortung in der Demokratie

In Festvorträgen und Veröffentlichungen hat das Wort "Verantwortung" gegenwärtig Konjunktur. Franz-Xaver Kaufmann führt sie auf eine wachsende Unüberschaubarkeit der Probleme, Aufgaben, Lösungsmöglichkeiten und Gefahren zurück, mit denen uns die gegenwärtige Welt nicht zuletzt in der Politik konfrontiert. Gerade bei sensiblen jungen Menschen löst sie oft eine Mutlosigkeit aus, der zu begegnen ein besonderes Anliegen der gläubigen Christen, in der Politik wie in der Wissenschaft, sein sollte. Wie läßt sich aus christlicher Sicht Verantwortung in der Demokratie begründen und auch praktizieren? Auf welche konkreten Aufgaben und Probleme sollte sie sich richten?

Im folgenden möchte ich zunächst die philosophisch-anthropologische Dimension der Verantwortung darlegen. In einem zweiten Schritt gehe ich auf die Schwierigkeiten ein, die einer Verantwortungspraxis und der Rechtfertigung verantwortlichen Handelns in der Gegenwart entgegenstehen. Anschließend möchte ich einige spezifische Fragen skizzieren, die sich insbesondere für den katholischen Christen im Verhältnis zur modernen, westlich-pluralistischen Demokratie ergeben und in einem vierten Schritt werde ich an zwei Politikfeldern mögliche Konkretisierungen christlich verantworteter Politik anführen.

1. Die philosophisch-anthropologische Dimension der Verantwortung

Wenn wir uns in der Verantwortung fühlen, dann erfahren wir dies als einen Spannungszustand. Wir sind eingespannt zwischen einem nicht beliebigen moralischen Anspruch, dem wir genügen müssen, und der gleichzeitigen Unsicherheit darüber, ob und wie wir ihn erfüllen können. Wären wir sicher, was wir zu tun haben, dann brauchten wir die vorgegebenen Ziele nur anzugehen, wir hätten dabei keine besondere Verantwortung. Gäbe es keinen absoluten - d.h. unbedingten und umfassenden - moralischen Anspruch, dann könnten wir beliebig - so oder so - handeln, von der Last der Verantwortung spürten wir nichts. Beide Glieder: der gebieterische Anspruch und die Unsicherheit über Reichweite und Weg, ihm zu genügen, sind somit konstitutionelle Elemente der als Spannung erfahrenen Verantwortung.[1] "Wir haben nicht nur die Verantwortung dafür, daß wir die Aufgaben erfüllen, für die wir zuständig sind; wir haben auch eine Verantwortung dafür, daß wir die neuen Aufgaben erkennen, für die noch niemand zuständig ist, von deren Lösung aber das Schicksal der Menschen, mit denen wir verbunden sind, der Gesellschaft, des Staates und vielleicht sogar das Schicksal der Menschheit abhängen

---

1 In diesem Sinne F.-X. Kaufmann, Verantwortung und Verantwortlichkeit [Vortragsmanuskript], 1990, 7: Er betont, daß die Verantwortung nicht "bloße Pflichterfüllung" bedeutet, daß sie für Situationen gilt, in denen "bereichsspezifische Werte und Regeln nicht ausreichen"(17f). Ähnlich P. Saladin, Verantwortung als Staatsprinzip, Stuttgart 1984, 30: Er spricht von einem "unabgrenzbaren Überschuß", einer "generalisierenden Inpflichtnahme". G. Picht, Wahrheit, Vernunft, Verantwortung, Stuttgart 1969, 331, hebt hervor: "Die Reichweite einer Verantwortung ist prinzipiell weiter als die Reichweite jeder möglichen Moral und die Reichweite jedes möglichen Rechts".

wird".[2] So entspricht die Verantwortung der erfahrenen "Unüberschaubarkeit": Weil sie prinzipiell unbegrenzt ist, vermag sie am ehesten einer unüberschaubaren Problemvielfalt gerecht zu werden - so jedenfalls die Hoffnung oder Erwartung. Zur Frage steht, ob wir sie erfüllen können und welche systematischen Voraussetzungen der Verantwortung wir dazu bedenken müssen.

a) Freiheit

Im Begriff Verantwortung steckt zentral das Wort "Antwort", übrigens nicht nur im Deutschen; im englischen Begriff responsibility, im französischen responsabilité, im polnischen "odpowiedzialnosc" finden wir dieselbe Bedeutung. Offenbar handelt es sich hier nicht um einen Zufall. Wenn ich mich verantworte, gebe ich Antwort auf eine als Anspruch bzw. Forderung erfahrene Frage, die letztlich auf die moralische - nicht nur z.B. auf die technische - Rechtfertigung einer Handlung oder eines Verhaltens zielt.[3] Wie auch immer die fragend Anspruch erhebende Instanz erfahren oder interpretiert wird - als Gott, als die Gesellschaft, als das eigene Gewissen: Um ihr antworten zu können, muß der Mensch frei sein. Ohne Freiheit macht Verantwortung keinen Sinn. Sind wir aber frei? Sind wir nicht durch alle möglichen Faktoren - unsere Gene, Erziehung, Umwelt, Kultur, Freunde, Gemütsverfassungen - determiniert? Ist die Freiheit nicht eine Chimäre und damit die Rede von der Verantwortung nur ein Gerede?

---

2 Picht (Fn. 1), 340; vgl. auch G. Handschuh, Die gesellschaftliche Verantwortung der Wissenschaftler. Zur Bedeutung der institutionell vermittelten Orientierung der Wissenschaft für die Wahrnehmung wissenschaftlicher Verantwortung, Frankfurt a.M. 1982, 319.

3 W. Weischedel, Das Wesen der Verantwortung, Frankfurt a.M. [3]1972, 26.

Immanuel Kant hat sich mit der Antinomie von Kausalität und Freiheit in seiner "Kritik der reinen Vernunft" auseinandergesetzt. Freiheit kann - so Kant - nicht objektiv bewiesen werden, sie ist eine "transzendentale Idee",[4] die die Vernunft herausbildet, weil ohne sie Moralität und Gesetz keinen Sinn machten. Aus praktisch-moralischen Gründen also ist es erforderlich, von der Freiheit des Menschen auszugehen; "diese Idee offenbart sich durchs moralische Gesetz".[5]

Daß es Freiheit als Voraussetzung der Verantwortung gibt, können wir demzufolge nicht beweisen. Uns bleibt die Wahl, sie anzuerkennen oder nicht. Allerdings müssen wir sie anerkennen, wenn wir den Gedanken des moralischen Gesetzes nicht aufgeben wollen. Ohne Freiheit kein moralisches Gesetz, kein moralischer Anspruch, keine Verantwortung. Die erste Bedingung der Verantwortung ist Freiheit.[6]

Aber warum sollten wir am moralischen Gesetz festhalten? Was veranlaßt uns dazu?

b) Schuld

In seiner Abhandlung "Ethik ohne Kodex" schreibt der in Oxford lehrende polnische Philosoph Leszek Kolakowski: "Die Welt ist ein Erbe, das wir am Tag unserer Geburt antreten. In einem Augenblick, der sich nicht genau bestimmen läßt, werden wir uns klar darüber, daß uns dieses Erbe immer die Wahl offenläßt: Wir können es ablehnen, indem wir das Leben ablehnen.

---

4 I. Kant, Kritik der reinen Vernunft [Nach der ersten und zweiten Originalausgabe neu hg. v. Raymund Schmidt], Hamburg 1952, 523.

5 Ders., Kritik der praktischen Vernunft, Werke VII. [hg. von Wilhelm Weischedel], Wiesbaden 1956, 108 Anm. 5.

6 Saladin (Fn. 1), 86f.

Von dem Moment aber, da wir das Wissen über die Möglichkeit des freiwilligen Todes besitzen und dennoch weiterleben, übernehmen wir gleichsam die Verschuldung der Welt als unsere eigene Verschuldung. Leben heißt ganz einfach auch die ganze Fäulnis und die ganze Schmach der Welt als eigene Fäulnis und eigene Schmach akzeptieren, anerkennen, daß es sich lohnt, das Erbe trotz der Schulden zu übernehmen, oder daß das Leben trotz seines Leids und seiner Schweinereien unserer Teilnahme wert ist. In Wahrheit sind wir außerstande, die Aktiva und Passiva der Erbmasse auszurechnen, die Summe von Gut und Böse der Erbschaft zu ziehen, und werden es, entgegen der Hoffnung der alten Theodizeen, nie vermögen. Und dennoch stellen wir spontan, gleichsam nach Augenmaß, eine eigene Rechnung auf, dennoch konstruieren wir auf eigene Faust private Theodizeen, die uns eine Rechtfertigung der menschlichen Welt mitsamt der Rechtfertigung unserer eigenen Anwesenheit darin liefern".[7]

Indem wir nicht Selbstmord begehen, sondern weiterleben - so Kolakowski -, akzeptieren wir also die Welt als Ganze, freilich so, daß wir sie in gut und böse aufteilen und das Böse, die "Schulden", als unsere "Verschuldung" annehmen. Daher bezeichnet Kolakowski "unsere primäre Beziehung zur Welt als die einer freiwillig übernommenen Verantwortung",[8] der Verantwortung nämlich, diese Schulden abzutragen.[9]

---

7 L. Kolakowski, Ethik ohne Kodex, in: Ders., Traktat über die Sterblichkeit der Vernunft, München 1967, 90.

8 Ebd.

9 Vgl. auch K. Barth, Kirchliche Dogmatik Bd. II/2, Zollikon-Zürich 1942, 713: "Es ist der Begriff der Verantwortlichkeit, in welcher wir die exakteste Beschreibung der menschlichen Situation der souveränen göttlichen Entscheidung gegenüber zu erkennen haben." Infolgedessen kann es für Barth, "streng und eigentlich verstanden, nur ein Begriff der christlichen Ehtik

Aber ist dieser Zusammenhang zwischen weiterleben und Verantwortung übernehmen zwingend?

Er ist nicht zwingend. Kolakowski beschreibt mehrere möglichen Haltungen, sich dieser Verantwortung zu entledigen: die des Nihilisten, der sich der Verantwortung durch Selbstmord entzieht, die des Konservativen, der alles beim alten lassen will, die eines emphatischen Dezisionismus, welche im Engagement bzw. in der Entscheidung als solcher und nicht in ihrer inhaltlichen Rechtfertigung die Erfüllung des Gebots zur Verantwortung sieht.

Alle drei Weisen, sich der Verantwortung zu entledigen, rühren nach Kolakowski aus der Unruhe, ja der Angst, die sich mit ihr notwendig verbindet, weil es keine Sicherheit der Entscheidung gibt, weil jede Wahl nicht nur hinter dem Anspruch zurückbleibt, die "Verschuldung" abzutragen, sondern weil sie oft neue Schuld schafft, zum mindesten das Risiko neuer Schuld enthält. Verantwortung heißt mithin - in den Worten von Karl Jaspers - "die Bereitschaft, ... Schuld auf sich zu nehmen",[10] und zwar in dem doppelten Sinne, die "Verschuldung" der Welt als eigene Hypothek anzuerkennen und beim Abtragen dieser Hypothek das Wagnis eigener erneuter Schuld einzugehen. Wenn ein Mensch zur Verantwortung gezogen wird wegen seiner Tat, "wird ihm" nach Wilhelm Weischedel "die Möglichkeit seines Schuldigseins kund".[11]

Aber gerade der Zusammenhang der Verantwortung mit dieser doppelten Schulderfahrung legt nahe, daß man der Versuchung nachgibt, der Verantwortung

---

sein. Nur sie kennt ja ein wirkliches und eigentliches Gegenüber des Menschen".

10 K. Jaspers, Philosophie II. Existenzerhellung, Berlin-Heidelberg-New York ^{4}1973, 248.

11 Weischedel (Fn. 3), 22; vgl. auch D. Bonhoeffer, Ethik, München 1949, 186: "Zur Struktur verantwortlichen Handelns (gehört) die Bereitschaft zur Schuldübernahme und die Freiheit".

auszuweichen, sich die mit ihr einhergehenden Beunruhigungen zu verbergen. Wie die Freiheit kann also auch die Notwendigkeit, Verantwortung zu übernehmen, nicht bewiesen werden. Man muß sich zu ihr entschließen[12] und dabei immer erneut den Mut aufbringen, Schuld auf sich zu nehmen.

Der Umgang mit der Schuld, mit dem anthropologisch notwendigen Schuldigwerden aber gehört zu den Herausforderungen unserer Zeit, die m.E. am schwierigsten zu bewältigen sind. Die Psychoanalyse hat deutlich gemacht, daß Schuldgefühle, insbesondere "falsche", vor allem wenn sie in ihrer Entstehung und Geltung undurchschaut bleiben, krank und damit entscheidungs- wie verantwortungsunfähig machen können, wenn sie das Selbstvertrauen der Menschen in die Möglichkeit, gerecht zu handeln oder sich in der Schuld doch auch getragen und aufgefangen zu wissen, zerstören. Verantwortung setzt somit Selbstvertrauen voraus und dieses bedarf angesichts der Gefahr der Schuld des Glaubens daran und der Hoffnung darauf, daß mir Schuld verziehen wird, sei es von meinen Mitmenschen, sei es von Gott. Das zur Verantwortung befähigende Selbstvertrauen baut auf Glauben, Hoffnung und verzeihende Liebe.

c) Liebe

Aber die Liebe kommt auch noch auf andere Weise ins Spiel. So wie die Unruhe als notwendiger Stachel unser Verantwortungsbewußtsein herausfordert, so spendet uns die Liebe die Kraft, unsere Trägheit zu überwinden, und die Ruhe, trotz der Angst vor möglicher

---

12 Vgl. W. Schulz, Philosophie in der veränderten Welt, Pfullingen 1972, Abschnitt "Verantwortung", hier: 688: Nur aufgrund seines Willens zur Verantwortung kann der Mensch für einen anderen verantwortlich sein.

Schuld doch aus uns heraus und über uns hinaus zu geben, um für die Schulden, die wir gar nicht selbst verursacht haben, einzustehen. Wir spüren das täglich im Umgang mit unseren Kindern, mit unseren Freunden, mit Menschen, die uns nahestehen. Für sie übernehmen wir nicht nur Verantwortung, weil wir ihnen das schulden. Im Gegenteil: Wie leicht und eben "umsonst" entschließen wir uns zum Einstehen für einen Menschen, den wir lieben! In ihrer intensivsten Gestalt kann sie sich nur auf wenige Personen beziehen. Aber auch in kleineren Dosen sind wir auf ihre Energie angewiesen, wenn wir für uns ferner Stehende Verantwortung mit übernehmen wollen.

Schließlich - und dies ist ein dritter Aspekt - verdanken wir es der Liebe, wenn sich unser Blick und unsere Verantwortung aufs Ganze richten: auf den uns begegnenden Menschen als ganze Person (wir lieben zunächst diesen Menschen und erst dann seine einzelnen Eigenschaften, nicht umgekehrt) und auf die ganze Welt, also auf jeden Menschen, der leidet.[13] Die Verantwortung als personales, d.h. als integrierend-totalisierendes Verhältnis, als Einstehen mit meiner ganzen Person für andere Menschen als ganze Personen wird gespeist und getragen von der Liebe. Ohne Liebe keine Verantwortung.

Freiheit, die Bereitschaft, Schulden und Schuld auf sich zu nehmen, und Liebe: Wenn die Verantwortung zu ihrer Verwirklichung auf so gewichtige und so schwer erfüllbare Bedingungen angewiesen ist, kann es da verwundern, wenn die Menschen sie fliehen, wenn sie Entscheidungen auszuweichen versuchen, wenn sie sich im Spezialistentum verstecken oder "die Karten absichtsvoll so mischen",[14] daß gar kein Entschei-

---

13 L. Kolakowski, Die Gegenwärtigkeit des Mythos, München-Zürich 1984, 61ff.

14 W. Kaufmann, Jenseits von Schuld und Gerechtigkeit. Von der Entscheidungsangst zur Autonomie, Hamburg 1974, 13.

dungsspielraum mehr bleibt, und dies dann "Sachzwang" nennen? Daß angesichts drohender - häufig gar nicht bewußt gemachter - Schuld nach absichernden, rechtfertigenden Wegen gesucht wird, ist verständlich und legitim. Gibt es solche Wege?

2. Legitimation verantwortlichen Handelns

Wieder gilt es zunächst, falsche Hoffnungen abzuweisen. Umfassend absichernde Wege können wir nicht erwarten, denn dem Gegenstand der Verantwortung - dem Ganzen der Welt - können wir nie gerecht werden; immer nur sind uns Ausschnitte zugänglich. Überdies berufen sich verschiedene Personen, die häufig an einer zu verantwortenden Entscheidung beteiligt sind, auf unterschiedliche Philosophien, Weltanschauungen, Werte, und sie haben prinzipiell nicht nur die gleichen Ansprüche, sondern auch die gleichen Verpflichtungen zur Verantwortung für ihr Votum. Schließlich versperrt die Situationsgebundenheit jeder Entscheidung, insbesondere die Unsicherheit des jeweils verfügbaren Wissens, jeglichen umfassend absichernden Weg. Alle drei genannten Gründe wiederholen im übrigen nur die zuvor dargelegte konstitutionelle Unruhe in der Verantwortung. Gibt es dennoch Zeichen, die es erlauben, in diesem Labyrinth der Unsicherheiten einen Weg zu finden, auf dem uns die Bereitschaft zur Verantwortung leichter fällt?

Kehren wir noch einmal zur etymologischen und phänomenologischen Erhellung von Verantwortung zurück: In ihr werde ich zur rechtfertigenden Antwort herausgefordert auf eine Frage, die mich als ganze Person (nicht nur in einer bestimmten Funktion z.B. als Institutsleiter oder als wissenschaftlicher Lehrer) betrifft. Ich soll Rede und Antwort stehen. Reden heißt offenbarmachen,[15] und zwar in diesem Fall ganz und gar, denn ich soll nicht nur antworten, sondern mich verantworten. Erst wenn ich alle Gründe, alle Motive meines Handelns offengelegt habe, kann ich eine Tat in einem tieferen Sinne "verantworten". In den Worten Weischedels: "Verantwortung besagt: sich offenbarmachen gegen eine Frage. Der Verantwortende greift auf sich zurück und holt sich her in die Antwort - Reflexion -. Er nimmt sich ganz - bis zum Ende - in das Offenbarmachen und kommt damit weg von der Fraglichkeit".[16] Der entscheidende Hinweis dafür, Wege in der Verantwortung zu finden, liegt somit in der Offenbarkeit, der Transparenz. Wer sich selbst seine Motive und Gründe nicht klar macht oder sich nicht zumindest darum bemüht und wer nicht bereit ist, sie offenzulegen, genügt der Verantwortung jedenfalls nicht.

Freilich stellt sich zum einen die Frage, ob solche Offenbarkeit sich selbst und dem Anderen - Fragenden - gegenüber denn möglich ist. Die Frage richtet sich auf die Bedingung bzw. die Möglichkeit von gegenseitiger Offenbarkeit, von Verstehen, von Kommunikation überhaupt.

Konfrontiert man in der gegenwärtigen Diskussion um eine sogenannte Ethik der Kommunikation bzw. des Diskurses die Reflexionen des Postmodernen Jean-Francois Lyotard mit den diesbezüglichen Überlegungen von Hans-Georg Gadamer, Niklas Luhmann, Karl-Otto Apel und Jürgen Habermas - ich führe bewußt säkular-philosophische Positionen an -, so kommt man zu dem Schluß, daß die Kontrahenten bei aller Divergenz der Perspektiven und Absichten sich doch in einem Doppelten treffen: Sie bejahen die Möglichkeit von Kommunikation als gegenseitigem Verstehen, und sie anerkennen - die einen emphatisch bejahend, die

---

15 Weischedel (Fn. 3), 15.
16 Ebd. 17.

anderen eher mit Bedauern - einen unumgänglichen "Rest" an historisch-psychischer Perspektivität aller Begründungen, der eine absolut gültige und verbindliche Rechtfertigung unmöglich macht. Kommunikation ist mithin kein Weg, die Unruhe in der Erfahrung der Verantwortung restlos zu beheben. Wird sie dadurch als sichernde Hilfe für verantwortliches Handeln überflüssig?

Prinzipiell nicht, weil der Verzicht auf sie den Verzicht auf Rechtfertigung, auf Antwort überhaupt bedeutete und damit das Versagen von Verantwortung.

Darüber hinaus aber bietet die offene Kommunikation doch insofern die Chance für eine begründetere Wahrnehmung der Verantwortung, als sie den daran Beteiligten hilft, sich dank des Dialogs, u.a. dadurch, daß Menschen sich aus der Perspektive des anderen sehen und dessen Wahrnehmung zu verstehen lernen, über die eigenen, zum Teil dunklen oder nicht ganz eingesehenen Gründe klarer zu werden. Sie befreit damit von jener Last in der von uns in der Verantwortung gescheuten Schuld, die aus der Unsicherheit der Dunkelheit rührt. Was dunkel bleibt, entzieht sich unserer Beurteilung und damit auch einer möglichen Rechtfertigung. Und selbst dort, wo wir nicht mehr rechtfertigen, aber immerhin verstehen könnten, sperrt sich das Dunkle solchem Verständnis. Es fällt uns dagegen leichter, mit Belastungen und Unsicherheiten umzugehen, wenn sie uns wenigstens klar sind.

Zudem vermag die gegenseitige Verständigung über die Perspektivität unserer Rechtfertigungen das verantwortliche Handeln dadurch "sicherer" zu machen, daß sie uns nahelegt, die jeweiligen "Kosten" unserer Entscheidungen im Blick zu behalten, sie möglichst zu kompensieren.[17]

---

17 Kolakowski (Fn 7), 113f.

Je mehr im übrigen die kommunikative Transparenz der in der Entscheidung wirksamen Gründe und Motive gelingt, desto umfassender ist es möglich, die für das anstehende Problem relevanten Informationen zu gewinnen und auszuwerten. Diese Umfänglichkeit der Information ist um so dringlicher, je stärker wissenschaftlich induzierte Entscheidungen in das Dasein der Menschen und der sie umgebenden Umwelt eingreifen.

Schließlich fördert die Transparenz der Kommunikation die Toleranz und das Vertrauen zwischen denen, die sich in der verantwortlichen Entscheidung zusammenfinden müssen. Sie macht die jeweiligen Schwierigkeiten und Defizite offenbar, die sich mit jeder Position verbinden; sie erlaubt, abweichende oder konträre Positionen überhaupt zu verstehen, sie miteinander zu vergleichen und in ihnen, wo möglich, doch das Gemeinsame oder Verbindende herauszufinden. Daß Kommunikation zur inhaltlichen Rechtfertigung verantwortlichen Handelns wesentlich beizutragen vermag, gründet dabei in der Hoffnung auf die Tragfähigkeit eines gemeinsamen, geschichtlich gewordenen Wertefundus - der nach Max Weber die Voraussetzung von gegenseitigem Vertrauen darstellt - und im Vertrauen darauf, daß die Perspektivität im Erfassen der Wahrheit und die Bejahung des Pluralismus ihrer Konkretisierungen die Menschen einander nicht entfremdet, sondern daß die Offenheit gegenüber dieser Pespektivität sie im gegenseitigen Verständnis einander gerade näherbringt.

Damit hat die ausdrücklich nicht von christlichen, schon gar nicht von theologischen Kategorien ausgehende Erörterung der anthropologischen und psychologischen Dimensionen von Verantwortung für das christliche Personenverständnis Grundlagen ins Spiel gebracht: zum einen, weil im für die Wahrnehmung und Verantwortung fundamentalen geschichtlich gewordenen gemeinsamen Wertefundus zentral die Idee der gegenüber allen innerweltlichen Bindungen prinzipiell freien, von Gott in die Verantwortung geforderten und zu ihr befähigten Person steht; zum anderen, weil der Glaube an Gott und an unsere gemeinsame Gotteskindschaft Hoffnung und Vertrauen, wie sie aus dem philosophischen Diskurs als strukturelle Voraussetzungen verantwortlichen Handelns analytisch ermittelt worden sind, immer schon einschließt und somit logisch und psychologisch zu bekräftigen vermag.

3. Das christliche Menschenbild und die moderne westlich-pluralistische Demokratie

Das christliche Personverständnis, das zentral durch den absolut fordernden göttlichen Anspruch und die gleichzeitige Freiheit zur Antwort auf diesen Anspruch konstituiert ist, begründet aber nicht nur früher wie heute die Verantwortlichkeit der Menschen, sondern steht auch im Zentrum der ideengeschichtlichen und philosophisch-systematischen Fundierung der modernen freiheitlichen Demokratie. Freiheit heißt dabei das aus der gleichen und unantastbaren Würde aller Menschen legitimierte Recht auf Selbstbestimmung, das die Toleranz als aktive Bejahung des gleichen Rechts jeder anderen Person auf Selbstbestimmung, gerade auch dort, wo sie vom Konsens abweicht, einschließt. Montesquieu bezeichnet in diesem Sinne die Liebe zur Gleichheit als die Tugend der Demokratie. In ihr gründen der Wert und die Struktur des sozialen, politischen und normativen Pluralismus in der Demokratie. Freiheit und Pluralität machen deren Kern aus. Die Überlegungen zur Struktur der Verantwortung zeigen mithin, daß die moderne westliche Demokratie nicht nur in ihrer theoretischen Begründung wesentlich aus dem christlichen Menschenbild hervorgegangen ist, sondern, daß sie zu ihrer Lebendigkeit, für die das verantwortliche Handeln der Bürger eine Grundbedingung darstellt, des christlichen Glaubens durchaus bedarf. Und doch gerät die pluralistische Demokratie in Spannung und Widerspruch zu einem Menschenbild, wie es in neuerer Zeit insbesondere bei Autoritäten der katholischen Kirche anklingt. Es ist die Spannung zwischen der Forderung nach autonomer politischer Entscheidung und kirchlichem Gehorsam.

Die moderne Demokratie gründet in einem christlichen Freiheitsverständnis und verweist zugleich auf die Grundintention der Aufklärung: die Mündigkeit des Menschen und Bürgers. Das Recht und die Pflicht jedes Menschen, selbständig zu urteilen, gehören zu den unverzichtbaren normativen Prämissen der modernen Demokratie. Die prinzipiell gleiche Teilhabe aller Bürger an den politischen Entscheidungen ist die Legitimationsgrundlage für die aus ihnen folgenden Gehorsamsverpflichtungen.

Die Demokratie erlaubt, ermutigt, ja fordert infolgedessen das Recht auf Dissens, wenn Anordnungen des politischen Gemeinwesens der eigenen Überzeugung widersprechen. Die Kirche stellt sich in einen prinzipiellen Gegensatz zur Demokratie, wenn sie von den Bürgern ihrerseits verlangt, in "zwei Welten" zu leben: im politischen Gemeinwesen gegebenenfalls das Recht oder die Pflicht zum Dissens wahrzunehmen und in der Kirche die eigene Urteilsfähigkeit prinzipiell der Autorität des Amtes unterzuordnen und im Falle des Dissenses zu schweigen bzw. ein sacrificium intellectus zu begehen. Eben dies aber wird in der Instruktion über die kirchliche Berufung des Theologen nahegelegt, wo es heißt: "Der Versuchung zum Dissens verfallen, bedeutet zulassen, daß sich Triebkräfte der Untreue gegen den Heiligen Geist entfalten".[18]

Allein die Sprache der hier zitierten Passage bezeugt ein grundlegendes Mißtrauen gegenüber der Fähigkeit der Menschen - die doch alle Geschöpfe Gottes sind -, jener Verantwortung eigenständig gerecht zu werden, in die Gott sie fordert und die zugleich die Basis der modernen Demokratie ausmacht. Indem Dissens mit Begriffen wie "Versuchung" und "Triebkräfte der Untreue gegen den Heiligen Geist" belegt wird, erscheint das selbständige, abweichende Denken unter dem Verdacht moralischer Niedrigkeit. Die damit statt dessen empfohlene Alternative des sich entgegen der eigenen Einsicht unterwerfenden Gehorsams entzieht dem Selbstvertrauen der Menschen, ohne das weder Verantwortung noch Vertrauen gegenüber den Mitmenschen als Grundlage der Demokratie gedeihen können, die Basis. Mir scheint daher, daß es um der Möglichkeit des lebendigen Glaubenszeugnisses wie um der Demokratie willen dringend geboten ist, einer solchen Verengung und Verhärtung der Gehorsamsforderung zu wehren.

Damit würde die Kirche ihre Autorität nicht einbüßen, sondern im Gegenteil stärken und ihrem gegenwärtigen faktischen Autoritätsverlust gegensteuern. Und mit einer Autorität, die der politischen Mündigkeit des modernen Bürgers Rechnung trägt, würde sie auch nicht im Gegensatz zur Demokratie stehen, sondern im Gegenteil eine unverzichtbare Funktion in ihr und für sie ausüben. Denn eine demokratische Gesellschaft bedarf für ihren Zusammenhalt eines normativen Grundkonsenses, dessen Inhalt aus dem Postulat der Aufklärung nach Mündigkeit allein nicht hergelei-

---

18 Kongregation für die Glaubenslehre (Hg.), "Instruktion über die kirchliche Berufung des Theologen" (24.05.1990), (=Verlautbarungen des Apostolischen Stuhls 98), Bonn 1990, Nr. 32-41, hier: Nr. 40.

tet werden kann. Er stützt sich vielmehr auf jenen geschichtlich gewordenen Wertefundus, auf den verantwortliches Handeln für seine Rechtfertigung angewiesen ist, und d.h. auf die Autorität der Tradition. Eine die inhaltlichen Normen des Zusammenlebens begründende und entfaltende Autorität steht mithin nicht im Gegensatz zur demokratischen Gesellschaft. Im Gegenteil: Die Gesellschaft bedarf ihrer über die genannten philosophischen Gründe hinaus auch aus pragmatischen Argumenten. Sie liegen darin, daß es, zumal in einer arbeitsteiligen Gesellschaft, keine realistische Forderung darstellt, von jedem mündigen Bürger zu verlangen, sich über alle Prämissen seines Denkens und Handelns jederzeit Klarheit zu verschaffen. Faktisch wurzelt der Grundkonsens einer Gesellschaft gerade in jenen kulturellen Normen, deren Geltung von der überwältigenden Mehrheit der Gesellschaft nicht in Frage gestellt, sondern selbstverständlich angenommen wird. Tocqueville weist in diesem Zusammenhang auf die zentrale integrative Rolle der Religion als der Stifterin der normativen Übereinstimmungen in demokratischen Gesellschaften hin.

Autorität kann in einer demokratischen Gesellschaft jedoch nicht in blindem, sondern nur in freiwilligem und einsichtigem Gehorsam angenommen werden. In der Erziehung zur Mündigkeit setzt die Wirksamkeit pädagogischer Autorität das liebende Verstehen und die Einfühlung in die zu erziehende Person voraus. Eine Autorität, die ohne oder wider die Einsicht Gehorsam einforderte, erzöge zur undemokratischen Unterwürfigkeit und/oder führte in die Neurose.

4. Konkrete Aufgaben christlicher Verantwortung in der Demokratie

Die Forderung, Verantwortung in der Demokratie und für sie zu übernehmen, steht für den Christen mithin nicht nur in Einklang mit seiner Gotteskindschaft, seinem personalen Sein und dem Anruf, den Gott an uns alle ergehen läßt. Ihr gerecht zu werden, wird ihm durch den Glauben auch erleichtert, und die Kirche könnte für das verantwortliche politische Handeln auch eine großartige inhaltlich orientierende und psychologische Stütze darstellen, sofern sie sich auf die Probleme der modernen Welt wirklich einließe und der frohen Botschaft sowie der Verantwortungsfähigkeit der Menschen wirklich vertraute.

Für zwei Politikfelder möchte ich mögliche Konkretisierungen von verantwortlichem Handeln in der modernen Demokratie zeigen, das aus christlichem Glauben geschieht in offener Kommunikation mit den legitim unterschiedlichen ethischen Auffassungen in der modernen pluralistischen Gesellschaft sowie mit realistischem Verständnis für die Probleme der gegenwärtigen Politik.

a) Das Problem der Aufspaltung der Person

Moderne demokratische Gesellschaften zeichnen sich wesentlich durch eine zunehmende Rationalisierung, Differenzierung, Pluralisierung und Individualisierung der Institutionen, Lebensentwürfe und -verläufe aus. Diese säkulare Tendenz geht letztlich aus dem westlichen Freiheits- und Gleichheitsverständnis und der individuellen Verantwortung des Menschen vor Gott hervor. Sie grundsätzlich ablehnen oder umkehren zu wollen, setzt theoretisch die Annahme voraus, daß Gott die Menschen seit der Aufklärung, ja seit dem

Ende des Mittelalters auf einen Irrweg geführt oder diesen zumindest zugelassen habe. Die Geschichte der letzten Jahrhunderte wäre dann eine Verfallsgeschichte.

Die Entwicklung der so charakterisierten demokratischen Gesellschaft hat den Menschen erhebliche Chancen zur Befreiung von materiellen und geistigen Nöten und Zwängen, zur Entfaltung der individuellen Persönlichkeit und zur Verwirklichung freiwilliger Solidarität eröffnet. Zugleich zeichnen sich für den Bestand der fortgeschrittenen Gesellschaften immer deutlicher bedrohliche Gefahren ab. Deren Kern liegt darin, daß Individualisierung und gesellschaftliche Differenzierung es den Menschen zunehmend schwerer machen, ihre personale Identität herauszubilden, ihre Rolle in der Gesellschaft wie vor allem auch im privaten Bereich zu definieren und verläßliche personale Beziehungen aufzubauen und zu erhalten. Die Ganzheit der Person droht durch die Aufteilung der Menschen in ihre verschiedenen gesellschaftlichen Rollen und die Unterwerfung unter jeweils ganz unterschiedliche Erfolgs- und Rationalitätskriterien zu zersplittern. Arbeit und Familie, die beiden zentralen Felder, in denen die Menschen sich als sozial miteinander verbundene Personen traditionell konstituieren und bewähren konnten und mußten, sind dabei, ihre selbstverständliche Leitbildfunktion für die Daseinsgestaltung und für die personale und soziale Identitätsbildung zu verlieren. Der Grund dafür liegt nicht in einem generellen egoistisch-hedonistischen Versagen der einzelnen Menschen, sondern in der Schwierigkeit, ja häufig der physischen und psychischen Unmöglichkeit, unter den gegebenen Bedingungen des rapiden sozioökonomischen Wandels und der Erosion der traditionellen Rollenverständnisse, insbesondere im Verhältnis der Geschlechter und der Generationen zueinander, das Ziel der ganzheitlichen Personalität und stabiler zwischenmenschlicher Beziehungen überhaupt noch erreichen zu können. Der Glaube an die Möglichkeit solcher Beziehungen geht immer mehr Menschen verloren.

Auf die so beschriebenen Gefahren reagieren viele Menschen mit einer diffusen und zugleich zunehmend aggressiven Angst. Sie in ihren innerweltlichen - sozioökonomischen, politischen und psychologischen - Entstehungsgründen zu begreifen und ihr auf der Grundlage eines "liebenden Verstehens" als Autorität mit der frohen Botschaft, mit der Einladung und Aufforderung zum Glauben zu begegnen, stellt eine säkulare Herausforderung und Chance für alle Christen, aber auch für die katholische Kirche dar. Sie wird sie verspielen, wenn sich ihre Verkündigung auf ein aburteilendes und entmündigendes Moralisieren und Gehorsameinfordern zurückzieht.

Am Beispiel der immer wieder im Zentrum der Kontroversen stehenden Sexualethik: Die unbeirrbare Erinnerung der Kirche daran, daß der sexuelle Verkehr zwischen Frau und Mann in der Schöpfung als ganzheitlich-personaler Akt zu verstehen ist und daß seine Ablösung von dieser personalen Dimension, seine Erniedrigung zum egoistisch-physischen Genußmittel zerstörerisch und unmoralisch ist, findet nicht nur die Zustimmung aller katholischen Gläubigen, sondern trifft auch die vielfachen diesbezüglichen Enttäuschungserfahrungen der Menschen außerhalb der Kirche. Anstatt die Sexualität jedoch in einem Klima der Ängstlichkeit und der Abwehr ganz vorrangig - und mit wenig Plausibilität - vor allem der Weitergabe des physischen Lebens zu unterstellen und ihr psychische wie physische Freude spendendes Potential immer schon moralisch zu verdächtigen, ginge es darum, die Weitergabe des Lebens erheblich umfassender zu interpretieren: Angesichts der beträchtlichen materiellen und psychischen Hindernisse dagegen, das

Wagnis einer verläßlichen Partnerschaft als Grundlage für Ehe und Familie - für Fortpflanzung und Gesellschaft - heutzutage noch einzugehen, könnte die Kirche die stützende Kraft, die eine personal ausgerichtete und von Ängsten befreite Sexualität für die Stabilität der Partnerschaft und die physische und psychische Betreuung der Kinder - nicht nur für ihre Geburt - spenden könnte, verdeutlichen und als Teil der frohen Botschaft verkündigen. Familienplanung und bewußte Schwangerschaftsverhütung könnten und würden dann durchaus im Dienste der Weitergabe des Lebens stehen.

Die Anwendung auf den Spezialfall Sexualethik erfolgte, weil sie als Kristallisation der Problematik des Geschlechterverhältnisses einen besonders wichtigen und neuralgischen Punkt in der katholischen Morallehre wie im kulturellen Selbstverständnis der emanzipierten demokratischen Gesellschaft markiert. Das Postulat der Gleichwertigkeit und des gleichen Selbstbestimmungsrechts aller Personen - der Frauen wie der Männer - gründet in unser aller Gotteskindschaft, stellt ein unverzichtbares Element unseres Glaubens dar und steht zugleich an der Wiege der zeitgenössischen emanzipierten demokratischen Gesellschaft. Die katholische Kirche hätte allen Grund und eine große Chance, diesem Postulat dank ihres reichen Erfahrungs- und Glaubensschatzes durch eine zu Glaube, Liebe und Hoffnung befreiende Verkündigung des Evangeliums zur Verwirklichung zu verhelfen. Ihre Verantwortung in der Demokratie würde sie gerade dadurch glaubwürdig praktizieren, daß sie nicht wie ein partikularer Interessenverband einen speziellen Standpunkt mit allen ihr zu Gebote stehenden Machtmitteln durchsetzte, sondern statt dessen durch die Demonstration der Liebe als "communio", als gegenseitiges Verstehen in Kommunikation, zur Klärung und Befestigung des sozialen Zusammenhalts und des normativen Grundkonsenses in der Demokratie beitrüge.

b) Universalismus versus Nationalismus

Das zweite Problem, bei dem sich christliche Verantwortung bewähren sollte, stellt die katholische Kirche dem Inhalt nach nicht vor so schwierige Fragen wie das soeben dargelegte.

Das Ende des Kommunismus in der ehemaligen Sowjetunion und in Osteuropa eröffnet für die Welt und besonders für Europa eine neue säkulare Chance: zum ersten Mal nach Jahrhunderten der Kriege kann unser Kontinent zu einem friedlichen Zusammenleben in Vielfalt finden. Blickt man zurück auf die europäische Geschichte, so fällt die Dynamik der Gegensätze, die in kriegerische Auseinandersetzungen gemündet sind, sofort ins Auge, so sehr, daß man zu dem Schluß gekommen ist, das charakteristische Merkmal Europas sei eine konfliktreiche Vielfalt. Die gegenwärtige säkulare Chance in Europa besteht darin, die überkommenen und die neu auftretenden Gegensätze friedlich einzudämmen und zu hegen, die Gefahr erneuter gewalttätiger Konfrontationen zwischen den Nationen und Ethnien zu bannen. Westeuropa hat nach dem Zweiten Weltkrieg schon einen wichtigen Schritt in diese Richtung getan; allerdings zeigt sich immer deutlicher, daß der point of no return in Richtung europäischer Integration noch nicht erreicht ist. Es kommt jetzt darauf an, auf diesem Weg für Gesamteuropa fortzuschreiten.

Die neue Freiheit vom Kommunismus hat viele bislang unterdrückte bzw. latente, aber auch neue Konflikte ausbrechen lassen: Allenthalben erleben wir das Aufleben nationalistischer, ethnozentrischer und antisemitischer Einstellungen und Verhaltensweisen.

Der Wandlungsprozeß insbesondere in Mittel- und Osteuropa und in der GUS führt zu scharfen sozialen Problemen und Anomien. Die intellektuelle und gefühlsmäßige Egozentrik weiter Teile der westlichen Gesellschaften, die in der bisherigen politischen Routine fortfahren und nicht teilen wollen, hat harte Verteilungskämpfe im Gefolge.

Den Christen kommt angesichts der sich daraus ergebenden Gefahren eine besondere politische Verantwortung zu: Im Bewußtsein gemeinsamer Gotteskindschaft müssen sie allen Verabsolutierungen partikularer - nationaler, ethnischer, konfessioneller, kultureller, sozialer - Loyalitäten entgegentreten, Konflikte im Geiste der Unvoreingenommenheit transparent und verständlich machen und nach versöhnenden Lösungen suchen. Dazu gehört als theoretische Voraussetzung die Anerkennung der Legitimität unterschiedlicher Perspektiven und der daraus folgenden Notwendigkeit engagierter Toleranz. Es geht darum, das Leid der anderen begreiflich zu machen und die eigenen Fehler herauszufinden, anstatt umgekehrt die Fehler beim anderen zu suchen und das eigene Leid herauszukehren. Das meint die Bereitschaft, auf den anderen zuzugehen, sich in seine Situation zu versetzen (entsprechend Kants Forderung in der Kritik der Urteilskraft für den Abbau von Vorurteilen: "Sich an die Stelle jedes anderen setzen"), über Gräben hinweg nach Verständigung der Menschen in ihrer Vielfalt zu suchen.

Unter diesem Gesichtspunkt noch eine Anmerkung zum aktuellen Streit über die wieder auflebenden Nationalismen unter dem Aspekt der christlichen Tradition. Im Aufkommen des Nationalbewußtseins und des Nationalismus seit der zweiten Hälfte des 18. Jahrhunderts lassen sich zwei unterschiedliche Tendenzen im Verhältnis zwischen Nationalismus und Religion ausmachen. Zum einen stellt Nationalismus im Zuge der Säkularisierung oft einen Ersatz für die Integrations-

und Sinnstiftungsfunktion der Religion dar (Nationalismus als Ersatzreligion); zum anderen werden nationalistische Bewegungen häufig durch Religion und Kirche in ihrer Identität und gleichzeitigen Abgrenzung bekräftigt. Aus christlich-katholischer Sicht scheint mir die historisch gewachsene Bindung der Menschen an ihre Nation im Sinne einer emotionalen Zugehörigkeit und der auf sie bezogenen politischen und kulturellen Verantwortung verständlich und legitim. Aber der prinzipielle Universalismus des Christentums steht dem Nationalismus als der Verabsolutierung des Werts und der Bedeutung der eigenen Nation eindeutig entgegen: Wir gehören in unserer je besonderen Nationalität prioritär zum alle umschließenden Volk Gottes, das die Besonderheiten nicht überspringen, sondern sich von ihrer Vielfalt bereichern lassen soll, das uns aber vorrangig verbindet.

Aus den vorangegangenen Überlegungen ergeben sich bei uns für die Wahrnehmung von Verantwortung in der Demokratie durch Christen insbesondere für die Europapolitik folgende Konsequenzen:

- Sie sollten den legitim pluralen Charakter der modernen Gesellschaften anerkennen.
- Sie sollen nach Kräften an der Überwindung der sozialen und politischen Konflikte, die im Umbruch zutage gekommen und durch ihn auch gefördert worden sind, im Geiste der Gerechtigkeit und der Nächstenliebe mitwirken. Für die Deutschen ist es dabei besonders wichtig, sich immer daran zu erinnern, daß ohne den von deutscher Seite begonnenen Zweiten Weltkrieg das moralisch und materiell zerstörende kommunistische System sich nicht in Osteuropa etabliert hätte, daß es mithin ein Gebot der Gerechtigkeit und der Haftung ist, für den Aufbau in Gesamteuropa Opfer zu bringen.

- Sie sollen der Verabsolutierung der jeweils eigenen nationalen Belange entgegentreten. Die Deutschen müssen dabei insbesondere wachsam sein gegenüber allen Versuchungen, nationalem Größenwahn zu frönen.
- Wir sollen uns immer erneut anstrengen, trotz häufig spontaner Schwierigkeiten, mit Fremden ruhig umzugehen, sie in ihrer Vielfalt immer auch als Bereicherung und als produktive Herausforderung wahrzunehmen und uns auch dort um Verständnis zu bemühen, wo man nicht auf Anhieb begreift.

In Bezug auf unser zukünftiges Europa geht es darum, daß wir uns den Universalismus des Christentums immer vergegenwärtigen. Er bezeichnet einen bedeutenden - nicht den einzigen - Grundzug der europäischen Kultur, und zu dieser Kultur gehört fundamental die Fähigkeit, sich selbst in Frage zu stellen. Leszek Kolakowski hat das 1981 so formuliert: "Diese Fähigkeit, sich selbst in Frage zu stellen und - selbstverständlich gegen einen starken Widerstand - pharisäerhafte Überheblichkeit und Selbstgefälligkeit aufzugeben, ist die Ursache der geistigen Kraft Europas. Aus ihr erwuchs das Bemühen, die 'ethnozentrische' Befangenheit zu durchbrechen, und sie hat seine Kultur definiert. Dank dieser Fähigkeit wurde deutlich, daß das Spezifische und der einzigartige Wert der europäischen Kultur in der Bereitschaft liegen, nicht in ewiger Selbstgenügsamkeit und Selbstgewißheit zu verharren. Letztlich kann man sagen, daß die kulturelle Identität Europas sich in der Weigerung äußert, eine vollständige Identifikation zuzulassen, daß sie also in der Ungewißheit und der Unruhe besteht."[19]

---

[19] L. Kolakowski, Europa und die Illusion des kulturellen Universums, in: H. Rösner (Hg.), Rückblick in die Zukunft. Beiträge zur Lage in den achtziger Jahren, Berlin 1981, 34.

Diese Unruhe nicht zu betäuben, sondern sich ihr auszusetzen, heißt Verantwortung in der Demokratie praktizieren.

Referenten

Prof. Dr. *Frank-Lothar Hossfeld,* Alttestamentliches Seminar, Universität Bonn

Prof. Dr. *Rocco Buttiglione,* Internationale Akademie für Philosophie, Liechtenstein

Prof. Dr. *Wilhelm Korff,* Institut für Moraltheologie und Christliche Sozialethik, Universität München

Prof. Dr. *Helmut Lecheler,* Institut für Staats- und Verwaltungsrecht, Universität Erlangen/Nürnberg

Prof. Dr. *Gesine Schwan,* Institut für Grundlagen der Politik, Freie Universität Berlin

Prof. Dr. *Manfred Spieker,* Institut Kirche und Gesellschaft, Universität Osnabrück

Teilnehmer

Prof. Dr. *Arno Anzenbacher,* Mainz

Günter Baadte, KSZ, Mönchengladbach

Prof. Dr. *Alois Baumgartner,* Bamberg

Dr. *Doris Böggemann,* Oberhausen/Essen

Elmar Bordfeld, Bund Katholischer Unternehmer e.V., Köln

Dr. *Matthias Branahl,* Leiter des Referates Kirche/Wirtschaft, Köln

Dipl.-Theol. *Clemens Breuer,* Augsburg

Dr. *Ernst Brüggemann,* Köln

Dipl.-Pol. *Manfred Bunte,* Bildungswerk der Nordrhein-Westfälischen Wirtschaft, Düsseldorf

Dr. *Franz Coester,* Ministerialrat a.D., Bergisch-Gladbach

Prof. Dr. *Anton Düx,* Mönchengladbach

Dr. *Aniela Dylus,* Warschau

Propst *Edmund Erlemann,* Mönchengladbach

Prof. DDr. *Franz Furger,* Münster

Dr. *Erny Gillen,* Luxemburg

Prof. *Dr. Norbert Glatzel,* Freiburg

Dr. *Karl Heinz Grenner,* Wetter

Direktor *Rudolf Hahn,* Bad Honnef

Dr. *Marianne Heimbach-Steins,* Münster

Prof. Dr. *Manfred Hermanns,* Buchholz

Prof. Dr. *Konrad Hilpert,* Scheidt

Dr. *Hans J. Jakobs,* Verlag Schöningh, Paderborn

Pater *Robert Jauch,* Johannes-Duns-Skotus-Akademie, Mönchengladbach

Dr. *Elisabeth Jünemann,* Bonn

Prof. Dr. *Helmut Juros,* Warschau

Dr. *Franciszek Kampka,* Augsburg

Dr. *Bernd Kettern,* Gerolstein

Oh-Sang Kim, Osnabrück

Joachim König, Katholische Sozialethische Arbeitsstelle e.V., Hamm

Hildegard Kremer, Aachener Kirchenzeitung, Mönchengladbach

Dr. *Benno Kuppler,* Rom

Arnold Küster, Westdeutscher Rundfunk, Mönchengladbach

Dr. *Daniel Langhans,* Bund Katholischer Unternehmer e.V., Köln

Peter Langhorst, Bochum

Prälat *Gerhard Lange,* Berlin

Prof. Dr. *Dieter Larbig,* Mönchengladbach

Dipl.-Theol. *Andreas Lienkamp,* Münster

Martin Lohmann, Rheinischer Merkur, Bad Godesberg

Dr. *Anton Losinger,* Augsburg

Dr. *Reinhard Marx,* KOMMENDE, Dortmund

Prof. Dr. *Gerhard Merk,* Siegen

Dipl.-Theol. *Karl-Georg Michel,* Augsburg

Dr. phil. habil. *Peter Paul Müller-Schmid,*
KSZ, Mönchengladbach

Prof. Dr. *Edgar Nawroth,* Vechta

Dr. *Ursula Nothelle-Wildfeuer,* Bonn

Prof. DDr. *Wolfgang Ockenfels,* Trier

Prof. Dr. *Heinrich Pompey,* Freiburg

Dipl.-Kfm. Dr. *Hans Thomas Pospischil,* Freiburg

Prof. Dr. *Anton Rauscher,* KSZ,
Mönchengladbach/Augsburg

Rheinische Post, Mönchengladbach/Düsseldorf

Prof. Dr. *Lothar Roos,* Bonn

Joachim Sand, Trier

Hans Segschneider,
Bürgermeister der Stadt Mönchengladbach

Dr. *Wolfgang Schmitz,* Finanzminister a.D., Wien

Direktor *Hans-Arno Schmitz,* Mönchengladbach

Prof. Dr. *Lothar Schneider,* Regensburg

Dozent *Ronald F.M. Schrumpf,* Stuttgart

Pfarrer *Gottfried Sommer,* Mönchengladbach

Johannes Tessmer, AKSB, Bonn

Prof. Dr. *Hans Joachim Türk,* Nürnberg

Stefan Vesper, Katholisches Soziales Institut,
Bad Honnef

Dr. *Joachim Wiemeyer,* Münster

Dipl.-Psych., Dipl.-Theol. *Albert Wohlfahrt,* Freiburg

Mönchengladbacher Gespräche

Bisher sind erschienen:

Band 1: Christliche Soziallehre unter verschiedenen Gesellschaftssystemen. 1980

Band 2: Soziallehre der Kirche und katholische Verbände. 1980

Band 3: 90 Jahre Rerum novarum. 1982

Band 4: Alternative Ökonomie? 1983

Band 5: Soziale Verantwortung in der Dritten Welt. 1983

Band 6: Die Arbeitsgesellschaft zwischen Sachgesetzlichkeit und Ethik. 1985

Band 7: Menschenrechte und nationale Kultur. 1985

Band 8: Armut im Wohlfahrtsstaat. 1987

Band 9: Mehrheitsprinzip und Minderheitenrecht. 1988

Band 10: Christ und Politik. 1989

Band 11: Dynamik der Wirtschaft. Aspekte und Aufgaben des Strukturwandels. 1990

Band 12: Katholische Soziallehre im politischen und gesellschaftlichen Prozeß. 1990

Band 13: Christliches Menschenbild und soziale Orientierung. 1993

J.P. BACHEM VERLAG